# EL
# ÉXITO
## ES UNA
# HABILIDAD
## QUE SE
# APRENDE

¿Quieres tener más abundancia?

# EL ÉXITO ES UNA HABILIDAD QUE SE APRENDE

Cómo lograr todo lo que te propongas

## OSCAR VELASCO

AGUILAR

**El éxito es una habilidad que se aprende**
*Cómo lograr todo lo que te propongas*

Primera edición: diciembre de 2017

D. R. © 2014, Oscar Velasco

D. R. © 2017, derechos de edición mundiales en lengua castellana:
Penguin Random House Grupo Editorial, S. A. de C. V.
D. R. © 2017, derechos de la presente edición en castellano:
Penguin Random House Grupo Editorial USA, LLC.
8950 SW 74th Court. Suite 2010
Miami, FL 33156

D. R. © 2015, Penguin Random House / Jesús M. Guedea C., por el diseño de cubierta
D. R. © fotografía del autor: archivo personal del autor

ISBN: 978-1-945540-55-4
*Printed in USA*

Penguin
Random House
Grupo Editorial

*Este libro está dedicado a:*

*Mi adorada esposa Mary, que me ayudó durante más de un año y nunca dudó que escribiría este libro.*

*Mis tres hijos maravillosos, Maryann, Paola y Tony, tres estrellas que vinieron al mundo a iluminar las vidas de Mary y mía con su amor, entrega y profesionalismo.*

*Mi mamá, María Cristina Chávez Ascencio, que me dio todo su amor y entrega, y aunque poco ve, tiene una excelente salud y sobre todo una actitud maravillosa ante la vida, de quien he aprendido y sigo aprendiendo todos los días.*

*Mi papá, el doctor Oscar Velasco Laddaga, que en paz descanse —quien siempre quiso escribir un libro y por razones diversas no lo logró—, porque mucho de este libro se lo debo a él: siempre fue un maestro y un ejemplo para mí.*

**¿Te has preguntado cuál es la diferencia entre las personas que ganan "toneladas" de dinero y tú?**

Sí ☐    No ☐

**¿Te has cuestionado por qué, a pesar de todos tus esfuerzos, no logras superar tus problemas?**

Sí ☐    No ☐

**¿Consideras que tienes mala suerte o que la vida es injusta?**

Sí ☐    No ☐

**¿Te gustaría saber qué hace la gente que siempre logra lo que se propone?**

Sí ☐    No ☐

**¿Deseas hacer realidad tus proyectos y sueños pero no sabes cómo?**

Sí ☐    No ☐

**Si has respondido "Sí" a cualquiera de estas preguntas,**

**¡Bienvenido!**

Tienes en tus manos un manual para soñadores dispuestos a comprometerse a cristalizar sus ideas, personas en busca de la felicidad y gente que desea gozar de salud, dinero y tiempo en abundancia. Es un libro que enseña la habilidad de tener éxito.

# Índice

# Agradecimientos

Este libro jamás se hubiera escrito de no ser por las miles de personas con las que he interactuado en mayor o menor grado a lo largo de muchos años: todas aportaron a mi vida información y conocimientos invaluables. Con unas profundicé en distintos temas personalmente, mientras que de otras aprendí por medio de sus libros, publicaciones en blogs, audios o correos electrónicos, que me han enriquecido maravillosamente.

En primer lugar, agradezco a mi esposa Mary por todo su tiempo, apoyo y colaboración, al cubrirme en los negocios que tenemos, sin reclamarme las horas invertidas en este proyecto.

A mis hijos Maryann, Paola y Tony. Gracias por darme el espacio para llevar a cabo este objetivo alineado a mi misión de vida. Cada uno con su estilo me apoyó en innumerables formas a concluirlo; han sido en mi vida eslabones que nos llevaron a un éxito familiar conjunto. Soy bendecido por tenerlos en mi vida.

También quiero dar las gracias al maravilloso equipo de Duplica. Primeramente a Gigi Barousse, ahora mi nuera, quien llevó a cabo el total diseño y edición de este libro; asimismo, a Christian Cordero, ahora mi yerno, y al matrimonio formado por Alfredo López y Sandra Tovar, que han sido un maravilloso, profesional y constante apoyo.

Deseo hacer un especial reconocimiento al equipo de apoyo de nuestros diplomados, que no serían lo que son sin ellos: Luis Huacuja, Verónica Esperanza, Miguel Ángel Reyes, Susana

Velasco, Diego Velasco, Mauricio Tamayo, Jesús Torres y Karina Estrada. A todos ellos agradezco su trabajo y dedicación como una contribución positiva a la vida de la gente y para hacer de Duplica una de las empresas de desarrollo personal de más rápido crecimiento.

A mi amigo entrañable Mario Rodríguez Padrés, siempre un estímulo y un aliciente durante el tiempo que me tomó escribir el libro.

A Jorge Sánchez, que llegó en el momento justo para darme fe y confianza revisando el libro por primera vez.

A Jorge Villalobos, que llegó inmediatamente después, como un ángel bajado del cielo, para contribuir de muchas maneras a mejorar el libro.

A mi cuñada Susa Blanco por sus palabras de aliento que siempre fueron: "Tú puedes". De la misma manera, dedico un especial agradecimiento a mi cuñada Araceli García de Velasco por todo el apoyo y valor que me dio. A Rafael y Lorena Romero, Óscar Moreno Arózqueta, Fátima Fernández Christlieb, Juan Francisco Yáñez, Emilio Álvarez, Ramón y Mariyé Castellanos y Helios Herrera quienes me dieron ánimo y confianza constantemente para completar el cometido.

A los impresores Óscar y Lupita Morales, de Ideas en Proceso, que me apoyaron en todo momento.

A alguien que me pidió el anonimato pero me dio mucha luz que necesitaba.

También a nuestro querido perro labrador y amigo Brolie, un ser muy importante en mi vida y especialmente durante la creación de este libro porque estuvo sentado al lado mío cientos de horas moviendo la cola, animándome a seguir adelante y que ahora se ha ido. Él también contribuyó a que culminara este libro.

Por último, estoy profundamente agradecido con todos los asistentes al Diplomado de Mentalidad de Abundancia, que conforme aumentan en número hay más personas haciendo la diferencia en este mundo que tanta cordura necesita.

# Prólogo

*El éxito te está esperando;*
*todo es cuestión de que lo dejes pasar.*

"No, señor, no es posible pasar porque ya está cerrado", fue la respuesta del vigilante del museo de historia sacra que pretendíamos visitar Oscar Velasco y yo. Mi reacción inmediata fue de frustración y hasta de reclamo porque faltaban cinco minutos para la hora del cierre. Ante la reiterada negativa del policía, di media vuelta abruptamente, según yo muy digno —o indignado, mejor dicho—, para dirigirme a la salida del lugar caminando con paso firme. Ese caminar se detuvo cuando me di cuenta de que nadie venía siguiéndome. ¿Dónde se había quedado Oscar? En eso miré atrás y pude observar que él seguía en la entrada del museo hablando con el mismo personaje. Sus gesticulaciones siempre graciosas y efusivas recordaban a las de un niño y provocaron que su interlocutor empezara a sonreír. "¿Qué le estará diciendo?", me pregunté, y luego vino a mi mente un pensamiento, consecuencia de mi frustración: "Qué aferrado es Oscar". En eso el policía milagrosamente asintió con la cabeza y de inmediato escuché:

"Vente, Mario, el señor hará una excepción y nos dejará pasar". ¿Yo? Boquiabierto.

Esa capacidad de asombro se me ha quitado conforme he conocido a Oscar Velasco: entrenador de miles de personas y conferencista internacional. Ahora me ha desvelado con una obra escrita que envuelve al lector de forma tal que lo hace recordar lo que es el placer de leer, si es que alguna vez lo olvidó. Es como si uno se tomara un café con él, una bebida que no deseas se termine. Mi café duró toda la noche.

¿Pero por qué debería yo leer otro libro sobre el tan manoseado éxito? Oscar ha logrado concentrar en un lenguaje sumamente digerido, actualizado y aterrizado conceptos que si uno pone en práctica generan una transformación positiva en nuestra vida: desde las finanzas hasta las relaciones personales. Sin reserva alguna afirmo que sus conceptos, recomendaciones y ejercicios concentran el contenido de cientos de libros leídos. Es una verdadera joya, que no sólo invito a conocer, sino sobre todo aplicar.

Debido a que todo lo que vemos a nuestro alrededor es producto de los pensamientos, te invito a nutrirte de los mejores pensamientos de Oscar Velasco, un ser humano que, como su libro, bien podría ser definido por la palabra "impecable". Tal vez al terminar de leer esta obra, tú —como yo— conversarás mejor con la vida, con sus retos y frustraciones para superarlos. ¿Qué tal si, al igual que en la anécdota que te narré sobre el policía que nos dejó pasar en el museo, la vida te abre la puerta hacia un mundo lleno de posibilidades y éxito? Te invito a no regresar por donde viniste, sino a que empieces a leer estas páginas y continúes hasta que logres tus propósitos en la vida.

Te deseo todo el éxito en el que puedas creer.

Mario Rodríguez Padrés
Escritor y conferencista
Autor de *El Árbol Rojo del Multinivel y las Ventas Directas*

Hermosillo, Sonora, México.

# ¿Quién rayos es Oscar Velasco y por qué deberías leer este libro?

Existe una frase en la filosofía zen que dice: "Lo mejor de ti mismo te ha llevado a donde estás ahora." Si la damos por cierta —y yo lo hago— la pregunta más pertinente es si ese lugar "donde estás ahora" es donde tú verdaderamente deseas hallarte. Ese sitio —paradójicamente, tan vago y tan concreto al mismo tiempo— está ligado de forma muy estrecha con el éxito. Éste es un concepto único para cada individuo, pero pienso que todos podemos convenir en que, por lo general, reconocemos a una persona exitosa porque se encuentra donde quiere estar. Yo la consideraría igualmente exitosa si trabaja para llegar al sitio que existe en su mente.

Este libro te dará un profundo entendimiento de la naturaleza del éxito y la forma en que cada uno podemos construirlo en nuestras vidas.

Mi misión personal es educar e inspirar personas para que busquen y obtengan su libertad y su realización. Cada diplomado que imparto es un grano de arena para que las personas sean más felices y plenas, salgan de ahí con esperanza, una decisión de cambio, y evolucionen de una mentalidad de pobreza y atoramiento existencial a una Mentalidad de Abundancia.

Estas páginas son un esfuerzo en el mismo sentido. La información que compartiré contigo es un compendio de conocimientos recopilados a lo largo de más de tres décadas, así como de mis propias conclusiones, todo lo cual he puesto en práctica y me funciona para tener éxito en lo que me propongo. Digamos que soy un mensajero que ordena una rama muy particular y trascendental del saber, con base en mi experiencia y en la de otros.

No pretendo que los asistentes a los cursos, ni tú mediante esta lectura, acepten sin cuestionar la información, las técnicas y afirmaciones que propongo. Es más, desde ahora, pon en duda todo lo que diga. Y si después de someterlo a prueba con convicción en el mundo real no te sirve, deséchalo. Antes sólo te pido que abras tu mente a la posibilidad de que quizá existen mejores maneras de pensar, sentir y actuar que las que tú conoces. Puedo, eso sí, asegurarte algo: este libro tiene el potencial de cambiar tu vida. No hago esta afirmación a la ligera. Está sustentada en miles de individuos que al poner en práctica los conocimientos aquí divulgados, materializaron mucho de lo que se propusieron y alcanzaron más felicidad. Algunos testimonios de los egresados de mi Diplomado de Mentalidad de Abundancia, incluidos en algunos capítulos, dan fe de los cambios positivos tan radicales que la gente logra en su existencia cuando aplica los principios y métodos que enseño.

Con todo el convencimiento de que soy capaz, puedo decir que el éxito es una habilidad que cualquiera puede aprender. Para ilustrarlo, déjame explicar cómo llegué a donde estoy. Fue un proceso que tardó décadas e involucró varios vuelcos radicales en mi vida.

Después de graduarme como químico farmacéutico biólogo e ingeniero en alimentos tuve varios trabajos y gocé de lo que algunos podrían considerar un éxito "moderado" (tal cosa no existe); pero antes —durante mis años de universidad— intenté varias veces emprender un negocio en sociedad con diferentes personas y fracasé rotundamente.

Retrocederé un poco más en el tiempo. Fui un niño como cualquier otro: estuve en los *Boy Scouts* y me encantaban los deportes. Practiqué atletismo desde chico y hasta la universidad. A los quince años comencé a practicar yoga y luego estudié la filosofía hindú con un *swami* proveniente de la India.

Uno de mis sueños desde entonces fue visitar un templo de aquel remoto país. Y me encantaba viajar. Entre el primero y segundo años de preparatoria me monté con unos amigos en un "vocho" —como se les llamaba a los populares Volkswagen sedán— para hacer el recorrido de ida y vuelta, con escalas, entre la ciudad de México y el estado de Florida, en Estados Unidos. Al concluir la prepa me lancé otra vez a la aventura en un viaje de casi seis meses por Europa, recorriendo ese continente con poco dinero o como se dice "de mochilazo".

De regreso en México, durante mis años en la carrera, establecí con más de una docena de amigos y amigas una asociación, a la que cada mes aportábamos dinero; el objetivo era realizar actividades de tipo comercial con miras a acumular en el largo plazo un capital que, al terminar la universidad, nos permitiera arrancar un negocio de gran envergadura. Pero no dimos una.

El primer negocio consistió en organizar *rallys* de pistas; esto es, competencias por etapas en las que grupos de jóvenes que se trasladaban en un coche a distintas estaciones ubicadas por toda la ciudad, debían resolver un enigma o desafío para recibir puntos y avanzar. Cobrábamos a cada equipo por participar y el que acumulara el mayor puntaje obtenía un premio que se entregaba en una fiesta al final del día. No funcionó. El segundo fue una pescadería en la que deshidratábamos cazón para comercializarlo, que en cuestión de meses también se fue a pique. Tras venderla, la tercera inversión fue en acciones de una empresa especializada en fotocopias, que también se hundió.

Finalmente, antes de que todos los amigos optáramos por disolver la sociedad, abrimos un restaurante en Valle de Bravo, una población llena de casas de descanso al suroeste del Distrito Federal. Compramos mobiliario, contratamos personal para la cocina y la idea era que los socios fuéramos los fines de semana a trabajar como meseros. Pero no pasó mucho tiempo antes de que la mayoría, por distintas razones, incumpliera su compromiso. Hubo un momento en que me quedé solo para atender el restaurante. Pero no me importó. En ese momento no había nada que yo no hubiera hecho por mantener a flote ese negocio. Dejé de ver los fines de semana a Mary, entonces mi novia, hoy mi esposa. Y como no tenía carro, pedía uno prestado para ir a comprar los insumos —entre ellos camarón y pescado fresco, que eran parte del menú— y luego manejar hasta el restaurante. En una ocasión no pude conseguir auto y me fui de aventón.

Pero a pesar de mi entusiasmo, el negocio no prosperó: nunca hubo utilidades y no me daba abasto para atender el restaurante. Con el tiempo el servicio decayó y cada vez acudían menos comensales. Duré un año compaginando estudios con el trabajo de fin de semana, hasta que en una ocasión en que dos de mis compañeros me acompañaron, decidimos cerrarlo durante una borrachera que nos pusimos en el bar del local.

Pese a estos fracasos, nunca dejé de pensar que mi futuro involucraba un negocio propio. Eso sí, comprendí que carecía de las aptitudes necesarias para gestionar uno de manera sostenible y rentable. Entonces decidí que me esforzaría por aprender esas habilidades y mi conclusión fue creer que la manera de hacerlo era conseguir trabajo y asumir distintas responsabilidades.

Siempre fui un estudiante destacado y me gradué como ingeniero con mención honorífica. Luego, siempre enfocado en complementar mi preparación académica con experiencia en diferentes puestos para después abrir mi propio negocio, tuve varios empleos.

Ocupé la gerencia de Investigación, Desarrollo y Control de Calidad en una empacadora de carnes frías; después me integré a otra empresa que fabricaba saborizantes y colorantes para alimentos, cosméticos y otros productos químicos, donde fui simultáneamente gerente de Producción y gerente de Mantenimiento. Tiempo después me dediqué a las ventas en una empresa de materias primas de alimentos y, posteriormente, contra cualquier pronóstico, me responsabilicé de Recursos Humanos en una empresa de capacitación y luego fui ascendido a director general. El sueldo en esos puestos no era malo pero yo tenía claro que así no ganaría las cantidades que yo deseaba, pues los ingresos en un empleo siempre tendrán un tope, en tanto que los de un negocio propio no. Aspirar a una colosal abundancia económica sin operar un negocio, es como pretender ver el mar desde lo alto de la Torre Mayor de la ciudad de México.

Fue en esa época, a los veintiséis años, que viví una experiencia definitoria. Había decidido estudiar una maestría en finanzas; me preparé con ahínco para la prueba de admisión, pero obtuve una calificación mediocre. No obstante, para mi sorpresa, fui admitido. Cualquier otro se hubiera alegrado, yo me sentí estafado, porque consideré que me aceptaban por el ingreso que mis cuotas de estudio representarían para la universidad, en lugar de mi mérito en el examen de entrada. De modo que solicité una entrevista con el rector del centro de estudios.

Cuando estuve en su oficina lo encaré preguntándole por qué fui aceptado pese a obtener una calificación tan baja en la prueba de admisión. Él me explicó que mi puntaje se hallaba en un rango de nivel medio a alto. Y luego sostuvimos este diálogo:

—Suponiendo que en otra ocasión hiciera un examen similar, ¿qué tendría yo que hacer para lograr un resultado infinitamente mayor? —le pregunté.

—Ingeniero, me temo que eso no sería posible, está demostrado por la psicología moderna que el desarrollo intelectual de un ser humano comienza desde los primeros años de la infancia hasta los veinticinco años de edad —respondió el rector.

—Entonces, ¿qué esperanza tengo de ser una mejor persona de aquí en adelante y qué puedo hacer para lograrlo?

Su respuesta fue desoladora: "Lo que usted puede hacer solamente es leer libros y volverse una persona más culta, pero ya no podrá mejorar su coeficiente intelectual." Tras la entrevista, consulté un libro de psicología que confirmó lo que el rector afirmaba. Aparentemente, al menos desde el punto de vista intelectual, mis esfuerzos por superarme serían vanos. ¿Era al menos remotamente posible que la aseveración del profesor no fuera verdad? Poco a poco fui descubriendo que había una esperanza para mi crecimiento personal.

Tras ese encuentro, no transcurrió mucho tiempo antes de que comenzara a interesarme en la capacitación enfocada al desarrollo humano. Hallé el tema apasionante y muy útil para no fracasar nuevamente en mis futuros negocios. Asimismo, por primera vez en mi vida, participé en un curso avanzado de técnicas de estudio, lo que me hizo percatarme de que en la escuela jamás me habían enseñado a estudiar. Entonces empecé a comprender que el rector de aquella universidad estaba equivocado y que el potencial del ser humano es ilimitado.

Después de que nació mi primera hija, motivado por esa nueva responsabilidad e impulsado por los cursos de desarrollo humano estudiados, me animé a renunciar a mi trabajo en la dirección de la empresa de capacitación mencionada. Cualquiera que haya dejado la seguridad de un sueldo por la aventura incierta de un emprendimiento sabe la clase de angustia que sentí.

Un año y medio antes, Mary, quien también se contagió en algún momento del germen emprendedor, abrió una farmacia asociada con una prima y su esposo, quienes luego se divorciaron. El negocio era atendido por mi esposa y su prima pero, tras la separación, el exmarido les compró a ellas su parte del negocio. Con ese capital y aprovechando el conocimiento de Mary, tras mi renuncia ambos decidimos que abriríamos otra farmacia. Esta vez, sólo nuestra. Encontré un local con excelente ubicación y, en menos de dos meses, ya estaba funcionando. Mi deseo de prosperar era enorme. Y me sentí satisfecho durante un tiempo pero pronto descubrí que, más que dueño de un negocio, yo era un "autoempleado".

Dos años después llegó mi segunda hija y abrí otra farmacia. La primera funcionaba de maravilla, generaba muy buena utilidad, pero los ingresos ya no aumentaban. Habíamos llegado a un límite. Tenía grandes expectativas respecto a la segunda sucursal, pero la abrí en un sitio desfavorable y nunca fue rentable.

Luego nació mi hijo. Era la década de 1980 y ya éramos cinco en la familia. Mis requerimientos monetarios aumentaron. Así que me asocié con un amigo, quien me invitó a dedicarme al corretaje inmobiliario. Yo ignoraba todo al respecto pero él conocía el negocio y se ofreció a enseñarme. Al asociarnos, hizo mucho hincapié en que le gustaba mi actitud ante la vida.

Los bienes raíces marcharon de forma espectacular durante los primeros dos años. Entonces había lo que se conoce como mercado de vendedores —cuando éstos ponen las reglas—: había tanta demanda por las propiedades de nuestra cartera que nos dábamos el lujo de escoger clientes.

La venta de propiedades iba tan bien que a sugerencia de mi socio puse a la venta la sucursal de la farmacia que no generaba ganancias. En esa época la inflación era galopante, de modo que nuestro inventario de medicinas multiplicó su valor en cuestión de meses. El comprador que adquirió el negocio pagó diez veces el monto que requirió echarla a andar. De ese modo aprendí que a veces es más lucrativo vender un negocio que operarlo y rentabilicé mi inversión.

Para entonces, aunque económicamente me iba bien, mi vida era sólo trabajar y trabajar, combinando los bienes raíces con la atención de las farmacias. Mis jornadas laborales eran de hasta quince horas sin descansos, incluyendo los fines de semana. Conforme los negocios crecían, más trabajaba, más empleados contrataba y más "dolores de cabeza" sufría.

Así estaban las cosas a principios de la década de 1990, cuando una tarde me llamó uno de los amigos con quienes viajé a Florida en tiempos de la prepa y me preguntó si me gustaría tener libertad financiera. Sin saber exactamente a qué se refería, le respondí de inmediato que sí. Luego tomamos un café y me expuso un negocio que podría costearme el estilo de vida que yo quisiera, sin necesidad de romperme el lomo trabajando ni depender de alguien más por dinero. Como mencioné, mis horarios eran devastadores, de modo que en ese momento lo que yo ansiaba era tiempo, más que dinero, y su propuesta en definitiva me interesó. Y así me involucré en la distribución interactiva global.

Después de planteárselo a mi esposa nos iniciamos juntos en una nueva profesión, entusiasmados por la idea de tener libertad económica. No fue fácil al inicio, debido a mi falta de convicción en la viabilidad del modelo, pero me eduqué a fondo en el mismo. Esta actividad involucra adquirir y estudiar materiales educativos —audios y libros, por ejemplo— para capacitarte. Mary y yo nos entrenamos a un ritmo frenético y conseguimos incluso más contenidos de los recomendados. Nos iniciamos con un gran sentido de urgencia y expectativa positiva, y nos integramos a un programa educativo que hizo al negocio autogenerarse, permitiendo que nuestra participación fuera cada vez menor. De modo que, a diferencia de los otros negocios, éste, mientras más crecía, menos trabajábamos y menos "dolores de cabeza" padecíamos.

Tardamos apenas dos años y tres meses en alcanzar el estilo de vida visualizado. Para mí, ser libre financieramente antes de los cuarenta años era un sueño hecho realidad. Los resultados tras el primer año fueron tan extraordinarios que me deshice de mi negocio de bienes raíces, tan "esclavizante" y cuyo mercado entonces había declinado. Vendí mi cartera de clientes a un colega, lo que me aportó otra muy buena entrada. Ocho meses más tarde me deshice de la farmacia.

Con los recursos de mis antiguas inversiones establecí una constructora en sociedad con un hermano y un amigo, y nos dedicamos a construir locales comerciales que, al rentarlos, generan ingresos constantemente, sin necesidad de "trabajar".

Mis nuevos negocios continuaron expandiéndose y en un afán de mejorar, viajé a Estados Unidos para actualizarme por medio de un programa intensivo —que consta de alrededor de quince cursos, diplomados y seminarios— en temas de desarrollo humano de alto impacto y negocios, además de capacitarme como entrenador. El resultado de esa experiencia es Duplica, la empresa de capacitación que fundé y dirijo, especializada en la realización de diplomados y campamentos enfocados al desarrollo personal.

Así, por ejemplo, el Diplomado de Mentalidad de Abundancia trabaja el mundo interior de las personas para obtener resultados en el mundo exterior, ayudándoles a deshacerse de las creencias desarrolladas en el pasado que no les apoyan y a sustituirlas por otras que los favorecen en lo relacionado a resolver la escasez de dinero y la falta de éxito. En este libro comparto esos conocimientos.

En la medida que leas comprenderás por qué hay tanta gente estancada en su vida, cuáles son las razones que llevan al éxito y cuáles a la mediocridad, el sufrimiento y la escasez. También llevarás a cabo varios ejercicios que te ayudarán a cambiar tu punto de vista y a dejar a un lado creencias que no te benefician.

En la primera parte descubrirás los fundamentos del éxito y en la segunda emprenderás un viaje de conocimientos prácticos y aplicables que te darán confianza para lograr cualquier resultado que desees y satisfacción en todos los aspectos de tu vida.

Como habrás notado, mis triunfos no fueron inmediatos pero se intensificaron en la medida en que sigo aprendiendo y aplicando los principios aquí compartidos. Se trata de un saber que, insisto, a mí me tomó años descubrir.

¿Eres empleado? Yo lo he sido.

¿Has quebrado un negocio? Yo he llevado a la quiebra a varios.

¿Tienes un negocio propio que te esclaviza? Yo lo he tenido.

Es muy probable que en alguna época de mi vida estuve donde estás en este instante. Hoy tengo una maravillosa familia y muchísimos amigos en varios países; viajo cuando, a donde y durante el tiempo que yo decido; me dedico a lo que me gusta y disfruto de la vida. Quiero eso mismo y todo lo que seas capaz de imaginar para ti. Y te aseguro que en el momento de escribir estas líneas, estoy exactamente donde quiero estar.

# Un par de recomendaciones antes de comenzar

**a)** Considero que la frase más peligrosa en el idioma español es: "Ya lo sé." La que le sigue es: "Eso no es para mí." Ambas revelan una determinada actitud que pone en gran riesgo tu futuro. Con esta actitud nadie crecerá como ser humano en ningún aspecto de la vida, porque ya está lleno.

Por experiencia te sugiero que, mientras lees, tengas en mente que primero deberás desaprender conocimientos, paradigmas o ideas fijas, antes de remplazarlos por otros que te apoyen más.

Sería justo decir que el mayor obstáculo para tu éxito no es tanto lo que no sabes, sino lo que sabes pero no te sirve.

**b)** En la mayoría de los capítulos hay ejercicios intercalados durante la lectura. La ubicación de cada uno está pensada para complementar tu proceso de aprendizaje. Pero te sugiero que no los hagas hasta que inicie la segunda lectura, ya que hayas asimilado toda la información del libro. No obstante, hacerlos es decisión tuya.

Eso en realidad es lo de menos. Lo fundamental es hacerlos. Y sé honesto contigo mismo en ese proceso. Nadie más tiene que leer lo que redactes. Así que, por favor, escribe. Cuando los hayas terminado y leas lo que escribiste, desde el primer ejercicio hasta el último, serás testigo de tu renacimiento, rehabilitación y "reseteado", que dará como resultado un ser humano lleno de energía y ganas de vivir.

# Primera parte
## Los fundamentos del éxito

# ¿Crees que puedes cambiar?

La lectura de este libro marca el inicio de una aventura que, por definición, conlleva una dosis de incertidumbre. ¿Qué hay en el futuro para ti? Se encuentra el éxito, si estás dispuesto a comprometerte contigo mismo a la expansión y el crecimiento en todas las áreas de tu vida. Puedo asegurarte que si lo haces, valdrá la pena. Pero la decisión sólo depende de ti.

El aprendizaje de las habilidades para ser exitoso es un proceso personal que ofrecerá resultados distintos para cada uno. Después de todo, aunque el éxito puede definirse de manera general, en términos prácticos representa algo único para cada individuo. Eso sí, puedo afirmar —porque conozco muchos casos que lo demuestran— que cualquiera puede adquirir las herramientas para ser exitoso y mejorar radicalmente la calidad de su vida, siempre que esté realmente dispuesto a lograrlo. Y eso implica la voluntad de cambiar.

Precisamente como Manuel, uno de los asistentes a los diplomados, que cuando lo conocí, tenía que superar retos de distinta índole: personales, profesionales y financieros. El ingeniero industrial de 34 años decidió hacer un compromiso en favor de su superación. Así que invirtió en su capacitación, se pagó el avión desde Tampico, Tamaulipas, y cubrió el costo de su hospedaje y comida durante un fin de semana.

Al año siguiente recibí con sumo agrado un mensaje suyo en el que me narraba los cambios experimentados: "El Diplomado de Mentalidad de Abundancia transformó mi vida. Luego de tomarlo visualicé mis objetivos y tres de ellos ya se cumplieron", escribió.

En su correo electrónico me contaba que finalmente perdonó a su exesposa por el sufrimiento que le causó durante su relación; también consiguió un ascenso y ahora estaba a cargo de la gerencia de Ingeniería en la empresa donde laboraba; finalmente, luego de negociar con su banco, fue capaz de pagar miles de dólares que adeudaba. Además acumuló ahorros que nunca tuvo antes de tomar el curso, gracias a que administró sus ingresos como te mostraré en el capítulo 4. Y por si esto fuera poco, además de su actividad como gerente, impartía clases de Aseguramiento de Calidad en la carrera de Ingeniería Industrial en una universidad.

Comparto este caso porque es un ejemplo claro de una persona capaz de cambios positivos en diferentes planos de su vida, superarse y prosperar. Yo estoy convencido de que las personas pueden cambiar su existencia y mejorarla.

Lo he comprobado durante mi carrera como motivador y capacitador al ver transformaciones en miles de individuos.

Pero hay personas que dudan. Un día comenté con mucho entusiasmo a Javier, amigo mío, que había aprendido un método para hacer que la gente ganara más dinero y él me dijo que en sus años de vida había comprobado que eso era imposible. "El que nace para maceta, del corredor no pasa", dijo tajante.

Años antes, como mencioné en la introducción del libro, me topé con el rector de una universidad, para el cual yo, a los veintiséis años, sería incapaz de mejorar mi coeficiente intelectual. "Está demostrado por la psicología moderna que el desarrollo intelectual de un ser humano comienza en los primeros años de la infancia y llega hasta los veinticinco años de edad", sentenció.

Hay incluso quien afirma que el desarrollo personal de un individuo depende de la genética, más que de la edad: el estudio de una población de gemelos idénticos y cuates, dado a conocer por la Universidad de Edimburgo, Escocia, en 2012, sugiere que el factor determinante del éxito está en los genes.

A mi parecer, poco importa si son meras opiniones o argumentos científicos que niegan a la gente la posibilidad de su superación personal. Como veremos posteriormente, en el capítulo 6, cuando se trata de alcanzar tus sueños, los hechos no cuentan si se cumple una condición muy especial. No obstante, no niego que algunas personas consideran imposible que ellas mismas y otros mejoren. Y desafortunadamente son mayoría. Si no fuera así, el mundo estaría repleto de triunfadores. En lugar de eso, por todos lados hay individuos con un sueldo insuficiente, ahogados en deudas e insatisfechos con su trabajo y con su vida, incapaces de mejorar sus circunstancias porque su educación (en la escuela, la casa y la calle) los mantiene estancados en creencias que aprendieron desde la infancia y les impiden desarrollarse y progresar. Estas creencias son casi inamovibles. Según mi experiencia, la única forma de eliminarlas es a través de una "reeducación", sobre la que hablaré en el capítulo 9.

Una de esas creencias que generan estancamiento en la gente es que el éxito y la abundancia son exclusivos para ciertas clases sociales o grupos con determinados niveles de educación.

Detén un momento la lectura. Piensa en un máximo de cinco acontecimientos experimentados en tu vida y que generaron transformaciones positivas. Si lo deseas, anótalos en una libreta. Ellas pudieron ser producto de tu propia reflexión, de una llamada de atención que recibiste, una experiencia agradable o, incluso, de una experiencia dolorosa. También pudieron generarse a partir de las enseñanzas de un mentor, preceptos que leíste en un libro o gracias a la ayuda de gente que en un momento dado te apoyó.

Estoy seguro de que has vivido muchos cambios para bien. Todos los hemos experimentado. Y como podrás notar, después de escribir los sucesos que provocaron una metamorfosis en ti, no eres la excepción. La posibilidad de cambio existe en todos los ámbitos de tu vida, incluida la búsqueda del éxito. No obstante, ésta no es posible si prevalecen en ti algunas creencias respecto al éxito, la abundancia e incluso el dinero, que te impiden conseguirlos.

Ahora presta mucha atención porque esto es importante:

---

Tú puedes ser, hacer y tener cualquier cosa que desees si aprendes cómo hacerlo.

Para ello necesitas lo siguiente:

1. Aprender las cosas correctas.
2. Repetirlas correctamente el tiempo adecuado.
3. Aplicarlas consistentemente.

---

Cuando hablo de consistencia, me refiero a realizar una acción continua, de forma cuidadosa, disciplinada y repetida. Hablo de un esfuerzo estable para ser, hacer y tener cualquier cosa que desees. Aunque es posible, el cambio no resulta necesariamente fácil, ni rápido. Cuando imparto un curso me valgo de una técnica de capacitación llamada "Entrenamiento Acelerado", que logra un balance entre teoría y práctica mediante dinámicas lúdicas de participación, cuyo objetivo es que los miembros de una audiencia aprendan de manera más rápida y retengan la información recibida durante más tiempo. Una de estas actividades consiste en solicitar a las personas exteriorizar por escrito y verbalmente lo que tienen en su mente y que —metafóricamente hablando— pudiera estar atascado.

Me refiero a pensamientos y sentimientos detenidos en un pozo oscuro de nuestro cerebro, en lugar de fluir como un río. Al estancarse, dichos pensamientos y sentimientos generan putrefacción y a la larga son dañinos.

En 2011, la Universidad de Illinois, Estados Unidos, publicó un estudio titulado "La gente feliz vive más tiempo": el bienestar subjetivo contribuye a la salud y la longevidad.

El concepto de bienestar subjetivo se refiere a valoraciones de las personas sobre su vida, que pueden incluir juicios como satisfacción con la vida o evaluaciones basadas en estados de ánimo o emociones. En el documento citado, los autores Ed Diener y Micaela Chan describen evidencias de que esa clase de bienestar influye en el estado físico de los seres humanos. Por eso afirmo que si los sentimientos y pensamientos de una persona son normalmente negativos, a la larga le harán daño. Y por ello es necesario sacarlos de nuestro interior.

Para conseguirlo usamos primero la comunicación escrita y luego, para completar el proceso, lo ideal es expresárselos a alguien que domine la técnica: consiste en que el interlocutor preste oídos, sin dar consejo alguno y solamente diga que te escuchó. Esto es importante porque si tu interlocutor da su parecer respecto a un sentimiento o pensamiento negativos, evitará con ello que tú lo proceses de manera adecuada para librarte de él. Dar un consejo equivale a invadir a la persona que necesita ayuda y resulta totalmente contraproducente.

Esta clase de mecánicas invariablemente contribuyen a lograr un cambio radical en los asistentes a los cursos en apenas tres días. Yo las considero fundamentales porque te enfrentan con emociones y formas de pensar negativas que hasta ese momento no has resuelto, y que tras este tipo de dinámicas desaparecen. Por eso, en las páginas que tienes en tus manos, te propondré ejercicios que te ayudarán a lograr el cambio positivo que buscas y que posiblemente en este momento no imaginas que puedes lograr.

Como ya mencioné, si lo deseas, puedes leer el libro de corrido sin hacer las actividades sugeridas. Mi recomendación es que, ya leído completo el libro, con un nuevo nivel de conciencia adquirido, hagas los ejercicios. Ya habrás dado un paso fundamental en la dirección al éxito al terminar la lectura. Ahora, piensa en los ejercicios como un paso más en el camino correcto.

Mi sugerencia es que consideres los escritos que te pediré realizar en los distintos capítulos como una especie de bitácora personal, que documentará —a través de tus reflexiones— tu evolución hacia una persona que gradualmente irá construyendo su propio éxito. No escatimes ni te reprimas a la hora de escribir. Los textos son tuyos y nadie más los verá.

Escribe todo: bueno y malo, sin importar que lo consideres prohibido o inadecuado. Suéltalo, libéralo. Los ejercicios han sido diseñados para ayudarte a reflexionar a fondo sobre ti mismo: sobre tu capacidad de cambiar circunstancias, actitudes, creencias y posibilidades. Si te preocupa que alguien más lea tus anotaciones, guarda tus apuntes en un lugar seguro, como si fuera un diario privado. No dejes de escribir, pues esos párrafos quedarán como testimonio de una aventura: estás comenzando la transformación de ti mismo.

Al principio del capítulo te pedí pensar y anotar cinco cambios en tu vida. Ahora piensa en diversas ocasiones en que has atestiguado mejoría en algún aspecto de la condición humana de otras personas. Puede tratarse de seres queridos o conocidos.

¿Te has preguntado alguna vez cómo ocurrieron esas transformaciones o qué hicieron esas personas para prosperar, sea que se superaron como personas, consiguieron el estilo de vida de sus sueños, el puesto de trabajo al que aspiraban o, en general, alcanzaron el objetivo que se propusieron? Mi objetivo es compartir contigo en este texto distintas herramientas para lograr ese anhelado cambio en ti, necesario para alcanzar el éxito —sin importar cómo lo visualices—, y que infinidad de personas no imaginan que pueden realizar.

¿Si hubiera un método para tener más éxito en la vida o ganar más dinero, lo aprenderías? Estoy seguro que coincidirás conmigo en que la enseñanza del éxito tiene un enorme valor. Como mencioné anteriormente en este capítulo, algunos estudios argumentan que los genes determinan las diferencias en la capacidad de ser exitoso de un individuo. Yo lo dudo. En mi opinión, con base tanto en mi experiencia, como en la de numerosas personas, la diferencia entre quienes tienen éxito y los que no, radica fundamentalmente en sus creencias, su actitud, su enfoque y sus acciones. Estoy convencido, porque lo he observado en muchos casos, de que la gente triunfadora piensa, actúa e incluso siente de manera distinta a la gente que no logra el éxito o que gozan de logros moderados y ocasionales.

Para cualquiera en busca de grandes logros y sin haberlos conseguido todavía, a pesar de su dedicación y esfuerzo, cabe este planteamiento: debe haber nuevas y mejores formas de pensar, actuar y sentir. Durante la lectura del libro descubrirás cuáles son, sabrás por qué no las tienes y cómo incorporar a tu vida creencias, emociones, formas de pensar y hábitos propios de la gente triunfadora. Lograr lo anterior es un proceso. Comencemos con el siguiente ejercicio. Recuerda, no lo hagas hasta la segunda lectura, sólo léelo.

---

Ejercicio 1: Ocasiones en que ayudé a otros
Piensa en alguna ocasión en que ayudaste a alguien a resolver algún problema. Recuerda momentos en que has prestado ayuda a un familiar, amigo o hasta a un desconocido.

Escríbelos, ya sea al final del libro o en una libreta.

Ahora responde las siguientes preguntas. Ya sea que contestes afirmativa o negativamente, explica el porqué.
a) ¿Crees que es posible que alguien ayude a otro?
b) ¿Es viable que tú ayudes a otro?
c) ¿Es factible que otra persona te ayude a ti?
d) Y lo más importante, ¿crees que puedes ayudarte a ti mismo?

---

El objetivo de este ejercicio es ayudarte a comprender que así como podemos ayudar a otros y recibir apoyo de otros, también es posible "echarnos una mano" a nosotros mismos. Toma en cuenta, además, que si no necesitases la ayuda de otros, eso significaría que ya resolviste tus problemas en distintos aspectos de tu vida, incluidos la escasez de dinero y de felicidad, la frustración y el fracaso. Pero eso tal vez aún no es así, por eso estás leyendo este libro. De modo que ayudarte a ti mismo implica, entre otras cosas, aceptar la ayuda que te brindan los libros y la educación constante.

## Los tres tipos de control

Estar consciente de que puedes ayudarte a ti mismo, y de que otros pueden hacerlo, cuando se trata de lograr el éxito, es un primer paso fundamental en el camino para alcanzarlo. El siguiente es entender que debes mantener el control adecuado en tu vida para que dicho éxito ocurra.

Tengo dos hijas, que ahora son adultas. Cuando cumplieron quince años comenzaron a pedirme permiso para ir a fiestas y llegar tarde. Cualquiera que haya pasado por lo mismo seguramente habrá experimentado el nudo en el estómago que yo sentí en esos momentos. Concluí que podía proceder de tres maneras, en las que variaba el tipo de control y la responsabilidad que asumía como padre.

La primera era decirles que podían ir pero las quería de vuelta en casa a las doce de la noche. Y como podrás suponer, ellas me respondían siempre: "¡Pero papá, la pista de baile la abren a la una de la mañana!" A eso le llamo yo tener un mal control de mis hijas porque si bien daba mi permiso, mi supervisión de ellas era pobre y, además, estoy seguro de que con el tiempo se hubieran rebelado contra mi falta de flexibilidad. Otra posibilidad hubiera sido simplemente no dejarlas salir, lo que también considero muestra de mal control.

La segunda opción era dejarlas ir y venir cuando ellas quisieran. Pero si me hubiera hecho a un lado de esa manera, estaría rehuyendo mi responsabilidad paterna. Mis hijas hubieran crecido sin disciplina ni límites. Por ese camino llegaría al extremo de no tener idea de dónde estaban. Eso puede llamarse falta de control.

Finalmente, la tercera opción, que siempre usé con mis hijas, fue la negociación. Pactábamos los horarios basados en la lógica y el sentido común: si la pista de baile abría a la una de la mañana, consideraba que dos horas después era suficiente para pasar a recogerlas. Así, había control y disciplina, pues la hora acordada se respetaba, y al mismo tiempo dejaba que ellas disfrutaran la fiesta. Yo considero que esto era ejercer un buen control.

Una de las definiciones de control en mi diccionario dice: "Dominio o autoridad sobre alguna cosa" y viene acompañada con este ejemplo: "Perder el control del coche." En este caso, ¿qué suena mejor? ¿El mal control, el no control o el buen control?

Si no controlas o controlas mal tu coche, chocas o no avanzas. El control es importante porque contribuye a que las cosas sucedan; ayuda a llegar a donde uno quiere llegar, facilita conseguir los resultados correctos.

En el curso de la vida, a veces ejercemos los distintos tipos de control descritos y si reflexionamos, observaremos que en cada caso los resultados fueron diferentes; algunas veces positivos y otras negativos. Comer en exceso para dominar la ansiedad, consumir drogas o embriagarse para superar una decepción, son ejemplos de mal control. Cuando comportamientos semejantes dominan la vida de las personas, significa que perdieron el dominio sobre sus propias vidas. Del lado opuesto de la moneda, cuando una persona es ordenada y disciplinada, existe un buen control. Por ello el control es fundamental. Puedo asegurártelo porque lo he comprobado de primera mano, pues experimenté los extremos del buen y el mal control. Para explicar mejor este último, lo abordaré de otro modo. Para saber si el mal control domina tu vida, pregúntate: ¿quién tiene el control? Con esa idea en mente, respóndete las siguientes preguntas:

¿Controlas el tiempo o te controla a ti?
¿Controlas el dinero o te controla a ti?
¿Controlas las cosas materiales o te controlan a ti?

Y finalmente, ¿controlas tus pensamientos o te controlan a ti, logrando a veces que te menosprecies, minimices o te sientas incapaz de lograr lo que te propones? Por otro lado, durante nuestra vida, así como ejercemos "control positivo" o buen control sobre otros, debemos entender y aceptar que otros lo ejercen sobre nuestra persona. Tal era mi caso, al asumir mi rol de padre con mis hijas adolescentes. ¿Recuerdas alguna ocasión en que cometiste una falta o infringiste alguna norma? Pudo ser en la escuela, la casa, el trabajo o la calle. Lo más probable es que te amonestó alguien que ejercía autoridad. En ese momento, dicha persona ejerció control sobre ti. Pero si, por el contrario, nadie te reprendió, hubo falta de control. Y en el caso de que alguien hubiera sido estricto en exceso contigo, habría ejercido un mal control. Compartiré a continuación una anécdota que ilustra cómo alguien ejerció un control adecuado sobre mí cuando era un muchacho.

Una vez, cuando era adolescente, deseaba unos lentes oscuros para ir de día de campo un fin de semana. Pero no tenía dinero para comprarlos, así que tuve la tonta idea de robarme los lentes en una tienda de autoservicio. Fui a la tienda por un encargo de mi mamá y después de pagar y recibir las compras en una bolsa oscura, me pareció fácil en mi camino a la salida coger de manera inadvertida las gafas y guardarlas en la bolsa del mandado. Pensaba que nadie me había visto.

En la puerta se me acercó un encargado y me dijo: "Regresa los lentes que tienes en la bolsa." Sentí que se me venía el mundo encima, estaba avergonzado por lo hecho y angustiado por lo que me pasaría. Me preguntaba cómo se dieron cuenta. Pero lo peor fue cuando el gerente me informó que debía hablar con mis papás: eso era el peor suplicio que me podían imponer, porque los decepcionaría. Les rogué con toda la vehemencia de la que es capaz un joven de catorce años hasta que al final, tras devolver los lentes, pedir perdón y escuchar amenazas durante más de una hora, me dejaron ir sin llamar a mis padres. Fue una experiencia horrible. Sin embargo, en retrospectiva, me doy cuenta de que esa persona ejerció un buen control sobre mí, en ausencia de mis padres, para imponer disciplina y hacer respetar las normas.

---

Ejercicio 2: Episodios de mal control, ningún control y buen control
Al terminar el libro escribe tres acontecimientos de tu vida que vengan a la mente, en los que ejerciste un mal control o ninguno y sus consecuencias. Luego redacta las situaciones en que ejerciste un buen control y cuáles fueron los resultados.

Ahora escribe tres ocasiones en que alguien ejerció en ti un mal control, ninguno o un buen control. ¿Cuáles fueron las consecuencias? ¿Cómo te sentiste en cada caso?

Ahora escribe algunas ocasiones en que llevaste o no llevaste control de tus gastos, ingresos y productividad en forma semanal, mensual y anual. Considera que esta práctica es como si llevaras el marcador en un juego; de manera que si ignoras si vas perdiendo o ganando perderás el control y a la larga el juego. Cualquier indicador de productividad debe controlarse en el tiempo y por escrito para comparar si vas "ganando" o "perdiendo". Y entonces, llevar a cabo acciones de refuerzo o corrección, según sea el caso. Si después de las reflexiones anteriores consideras que el control —más específicamente, el buen control— es posible, escribe por qué.

---

*Todos fallamos pero no a todos nos preocupa*
He establecido ya que comprender que puedes ayudarte a ti mismo y que la necesidad de ejercer un control adecuado sobre tu vida son aspectos fundamentales en la búsqueda del éxito. El siguiente

elemento es comprender que si estableces un compromiso contigo mismo para emprender esa búsqueda, se trata de un acuerdo que debes respetar. ¿Podrás hacerlo? Antes de responder, considera cómo te comportas respecto a los compromisos que normalmente estableces. ¿Por qué hablé del control y qué tiene que ver con la posibilidad de superarse? He aprendido a lo largo de los años que hay principios y códigos de ética que si no se cumplen nos causan problemas con los demás, sean familiares, clientes, amigos, vecinos o cualquier otra persona, incluyéndonos a nosotros mismos. El cumplimiento de dichos principios y códigos se logra mediante un control apropiado.

Imagina a un vendedor sin ética, honestidad, ni profesionalismo, quien muy probablemente ha fallado en los compromisos contraídos con sus clientes y la empresa que lo emplea. Si bien su declive no necesariamente será inmediato, en el largo plazo cada vez venderá menos, y tener buenos resultados en las ventas será cada vez más duro. Para compensar este desequilibrio, es posible que el resto de su vida se vuelva un caos (si aún no lo es).

Cuando rompemos nuestros acuerdos, normalmente tendemos a justificarnos. No sería sorprendente que nuestro vendedor hipotético empiece en algún momento a quejarse de otros —su esposa, su jefe, un cliente o un compañero de trabajo, por ejemplo. Así comienzan las críticas o la repartición de culpas que buscan la paja en el ojo ajeno para no mirar la viga en el propio.

Los acuerdos que uno establece se dan, claro está, entre el individuo y la sociedad o las instituciones. Por eso hay obligaciones y normas que cumplir como ciudadano, conductor, peatón, estudiante, cliente o contribuyente. En principio, el cumplimiento de estos arreglos nos permite exigir nuestros derechos. Por otro lado, de modo similar, los convenios se dan igualmente entre personas, sean en el matrimonio, los negocios, la amistad, el trabajo o los competidores en un torneo. Y también deben respetarse. Por supuesto, asimismo existen los acuerdos que establecemos con nosotros mismos. No hay ninguna razón para poner menos atención en su cumplimiento. Idealmente, cuando fijamos un acuerdo pensamos en cumplirlo. No obstante, a veces los rompemos. Creo firmemente que cada vez que lo hacemos, la mayoría de las personas entramos en un proceso autodestructivo y una etapa de decadencia. Reflexiona un momento. ¿Cuándo fue la vez más reciente que fallaste en un acuerdo? Puede tratarse de un retraso al llegar a una cita con un cliente, amigo, familiar o proveedor. O quizá quedaste en pagar una deuda y no lo hiciste o la cubriste a destiempo. O tal vez quedaste en ver la obra de teatro de tu hijo o llevarlo a un parque de diversiones en una fecha y faltaste a tu palabra. Al incumplir algún acuerdo, todos le fallamos alguna vez a alguien. Y lo que quizá es aún peor, nos hemos fallado a nosotros mismos.

Cuando no honramos nuestros convenios, se desarrollan emociones negativas, como la culpa o la duda, que nos impiden enfocarnos en nuestros objetivos porque comenzamos a pensar y luego a creer que somos incapaces de asumir un compromiso, que no somos confiables y nuestra palabra no vale. Si mantenemos esta forma de pensar, de manera inconsciente entorpeceremos nuestro camino hacia el logro de resultados en el plano en que cometimos la falta y, por lo tanto, el éxito se hará cada vez más difícil de alcanzar. Este ciclo puede ocurrir en cualquier aspecto de la vida, incluidos matrimonio, educación de los hijos, salud, relaciones interpersonales, negocios, ventas y negociaciones. La única manera de frenarlo es reconocer tu acuerdo roto y resarcir a la persona a quien fallamos.

¿Te has descubierto a ti mismo culpando, quejándote o criticando algo o a alguien? A partir de ahora te sugiero analizar con detenimiento la situación, porque repartir culpas o reproches generalmente es síntoma de que rompiste algún acuerdo.

Ejercicio 3: ¿Has fallado en una o más áreas de tu vida?
No lo olvides, sólo lee y haz los ejercicios en la segunda lectura. Antes pregunté cuándo fue la vez más reciente que le fallaste a alguien. Ahora remóntate al pasado lejano y haz memoria.

Por favor, escribe tres recuerdos antiguos sobre momentos en que rompiste algún compromiso en todas las áreas de tu vida que puedas recuperar. Puede tratarse de un momento de tu infancia, en la relación con tu mamá, tu papá o tus hermanos.

En la escuela, con un compañero de clases o una maestra. O pudo haber sido después, en la universidad, en un trabajo, con amigos, un jefe o compañeros laborales. Incluso, si lo consideras pertinente, incluye momentos en que no honraste compromisos con tu pareja o tus hijos. Hay mucho espacio en una hoja en blanco, no te limites. Si a medida que continúas la lectura recuerdas otros episodios de este tipo, deja de leer y escríbelos.

## El mapa del éxito

El ejercicio anterior no busca desanimarte tras repasar tus acuerdos rotos. Es obvio que todos hemos fallado; nadie está libre de culpa. Lo importante es saber que cuando esto sucedió, sobrevienen sentimientos y pensamientos desfavorables que, al instalarse en tu mente, provocan que el éxito se aleje porque —aunque parezca increíble— uno se sabotea a sí mismo. Es una especie de acto reflejo de los seres humanos, pues saben (a veces muy en el fondo) que fallaron. Y en consecuencia, la gente es menos feliz, saludable y exitosa. Las personas sabemos cuando hicimos algo mal y mientras no enfrentemos esos compromisos incumplidos, nos seguiremos hundiendo más. Explicaré con detalle la naturaleza de los acuerdos rotos y su efecto adverso en nuestro éxito en el capítulo 10.

Por ahora basta decir que hacer conciencia del daño causado a otros cuando rompes un acuerdo, asumir la responsabilidad que te corresponde y llevar a cabo las enmiendas posibles y adecuadas, detiene el proceso de autodestrucción desencadenado por nuestros acuerdos rotos y nos permite, ya sea recuperar o fortalecer la habilidad de tener éxito y ser felices.

Si hasta aquí he cumplido mi propósito, ya sabes que de ahora en adelante, los acuerdos que rompas no sólo afectarán a los demás, sino que —y esto es fundamental—, a la larga tendrán un efecto perjudicial en ti. Y si lo has comprendido, a partir de este momento serás más responsable cuando se trate de cumplir los acuerdos que pactes. Tal vez evitarás compromisos que no puedas cumplir y tengo la esperanza de que a partir de hoy harás todo lo posible por honrar los que establezcas. Y en el caso de que rompas alguno, verás la manera de enmendar la falta.

Mi objetivo es que, a partir de ahora, tengas un cambio de actitud respecto a cumplir tus compromisos, por pequeños que sean. Si así ha sido, habrás empezado con el pie derecho tu camino de transformación hacia el éxito. Si te parece un cambio pequeño, te equivocas. Es enorme: piensa en toda la gente conocida que sistemáticamente incumple sus acuerdos, sin darle a ese hecho la menor importancia. Ahora estás del otro lado de la barda y formas parte de un grupo pequeño pero selecto de personas que honran lo que prometen.

Si deseas hacer este cambio en ti pero consideras más fácil decirlo que hacerlo, no estás errado. Hacer cambios radicales en la vida es difícil; veremos la razón en el capítulo 7. Pero como comenté antes, no es imposible y también te mostraré cómo lograrlo en la segunda parte de este libro.

La vida no debería ser otra cosa más que una aventura. Lo queramos aceptar o no, nadie sabe con certeza lo que sucederá mañana, dentro de un año o dentro de cinco. Yo considero que es bueno que así sea, de otra manera la vida sería horriblemente aburrida. Tú ahora ganas cierta cantidad de dinero al año y tienes cierto éxito. También eres consciente de que algunos tienen más dinero o más éxito que tú. La pregunta esencial aquí es: ¿cómo tener tú más dinero o más éxito? ¿Qué hay dentro de ti que evita que seas capaz de ganar más dinero o tener más éxito o felicidad?

Muchas de las respuestas que estás buscando se hallan en estas páginas. Por ahora sólo te digo que tu mejor apuesta es prepararte lo mejor posible para tu travesía rumbo al éxito y la abundancia, como lo haría un explorador profesional. Comprométete ahora mismo con esa preparación. Te convertirás en una mejor persona en todas las áreas de tu vida y es posible que ésta se corone con muchas experiencias felices que te llenarán de satisfacción. Es lo que el futuro guarda para ti. ¡Así que lánzate con entusiasmo a la aventura de tu éxito!

Continúa conmigo y mantén en mente durante la lectura el siguiente consejo:

*Avanza hasta donde puedas ver.*
*Cuando llegues ahí, verás más.*

Considérame un guía que te irá revelando, poco a poco, el mapa para lograr cualquier objetivo que te propongas.

---

### IDEAS PODEROSAS DEL CAPÍTULO 1

- El cambio positivo es posible. No importa el nivel socio-económico-cultural de una persona.
- Tú puedes ser, hacer y tener cualquier cosa que te propongas, si estás convencido de ello y te preparas para lograrlo.
- Es necesario aprender las cosas correctas, repetirlas el tiempo adecuado y aplicarlas consistentemente, en forma disciplinada.

- La diferencia entre quienes tienen éxito y los que no lo tienen, radica fundamentalmente en sus creencias, su actitud, su enfoque y sus acciones.
- La gente que triunfa, piensa, siente y actúa de forma diferente a la gente que no logra el éxito, así que tu manera de pensar afecta tu felicidad y tu salud, por esta razón: piensa positivo.
- Estar consciente de que la ayuda es posible, es vital, pues todos necesitamos ayuda, siempre; si no, ya hubiéramos logrado más de lo que tenemos ahora.
- Existe el mal control, el no control y el buen control.
- Comprender que establecer compromisos y cumplirlos es vital, si no lo asimilamos, una persona entra en decadencia y autodestrucción.
- Repartir culpas y reproches generalmente es un síntoma de que se ha roto algún acuerdo con alguien.
- Cuando uno rompe acuerdos, ha fallado, nadie está libre de culpa, pero al suceder, sobreviene un auto-sabotaje. Es necesario hacer consciencia del daño causado, asumir la responsabilidad del daño y llevar a cabo las enmiendas posibles y adecuadas para detener el proceso de autodestrucción.
- Los acuerdos rotos no sólo afectan a los demás, nos afectan a nosotros a corto o a largo plazo.
- Avanza hasta donde puedas ver y cuando llegues ahí, verás más.

# Lograr el éxito requiere claridad y preparación

Cuando terminé la preparatoria hice un viaje por Europa con un par de amigos. Era mi sueño entonces. Lo conseguí aunque no tenía dinero. De hecho, la primera vez que visité el Viejo Continente llegué gratis. Si en esa época alguien me hubiera preguntado cómo logré mi objetivo, es decir, qué proceso mental seguí, no hubiera sabido explicarlo. Mucho tiempo después comprendí cómo lo hice. Y una de las razones, quizá la más importante, fue que nunca dudé de que lo lograría, aun sin saber cómo hacerlo.

Después de mandar cartas a los ejecutivos de la empresa Transportación Marítima Mexicana, mediante algunos contactos, obtuve autorización para embarcarme en Estados Unidos como marinero en un barco rentado a una compañía holandesa y llegué a Le Havre, en Normandía, Francia. Desde ese punto la embarcación se trasladó a varios puertos hasta llegar a Glasgow, en el norte de Escocia, donde acordé encontrarme con mis compañeros de viaje. Cada quien se las arregló para llegar ahí por su cuenta. Los tres viajamos por Escocia, Gales, Inglaterra, Irlanda del Sur y otros países del continente europeo, casi siempre de aventón.

Tengo hermosos recuerdos de esa travesía de casi seis meses.

Llevábamos una mochila en la espalda, bolsa de dormir, tienda de campaña y una guitarra cada uno. En varias ocasiones las tocamos mientras cantábamos canciones mexicanas y la gente que pasaba por la calle arrojaba monedas en un sombrero que poníamos en el suelo. Así financiamos parte de ese maravilloso viaje.

Una tarde frente a una montaña que engalanaba un pueblito en Gales, Reino Unido, mientras mis amigos y yo acampábamos tras una jornada recogiendo papas en una granja —en la que trabajamos un mes— y después de cocinar arroz al curry en una estufa portátil, miramos la montaña. El sol se ponía y entonces dije emocionado a mis compañeros de aventura: "¿Se dan cuenta de que mañana es lunes y no debemos ir a la escuela ni a trabajar? ¿No es maravillosa la libertad que experimentamos?"

En ese momento, a mis veinte años, decidí que mi vida sería así: repleta de la libertad que disfrutaba. En ese pueblo de Gales sembré en mí una semilla que con el tiempo se desarrolló, creció y hoy da frutos. En 2014, mi penúltimo gran viaje duró un mes, tiempo suficiente para visitar al lado de mi esposa los Emiratos Árabes de Dubai y Abu Dabi, y después la India, Nepal, Bután y el Tíbet.

A los veinte años conseguí hacer el viaje planeado, sin conocer el proceso mental detrás de ese logro; es decir, un proyecto claro, la convicción de que lo lograría, la voluntad de lograrlo y la motivación necesaria, así como los conocimientos indispensables y las herramientas adecuadas para bloquear todos los factores que se interponían entre ese logro y yo. Si bien cuando era joven ya intuía que uno obtiene lo que realmente se propone, la diferencia es que entonces carecía de una visión tan nítida como ahora de cómo aprender a proponerse algo, ya que de ahí parte el éxito. Hoy, además, estoy convencido de que cualquiera puede aprender a volverse exitoso, sin importar su circunstancia. Lo he comprobado de primera mano durante mi existencia, pues logré el éxito prácticamente en cada etapa y cada área de mi vida. No obstante, reconozco que durante una larga época sufrí mucho al carecer del saber adecuado para conseguir mis sueños, hasta que finalmente descubrí el camino correcto gracias al estudio y después al dominio de las herramientas y técnicas adecuadas para lograr lo que deseaba alcanzar. Asimismo, he sido testigo de la transformación de miles de personas que incorporaron en su forma de vivir conocimientos, hábitos y actitudes necesarios para alcanzar sus objetivos.

---

### Ejercicio 4: Tu logro más importante

Una vez terminado el libro, y durante la segunda lectura concéntrate en lo que más deseas lograr actualmente en tu vida. Estoy seguro de que tienes varios objetivos, pero si tuvieras que escoger uno, ¿cuál sería?; no te compliques, elige uno, puede ser muy simple. El ejercicio consiste en describir con todo el detalle que puedas, mientras lo visualizas.

Pero antes de hacerlo tengo una petición especial: redacta a mano y con tinta azul. Evita la computadora. La razón de lo anterior es que cuando escribes con tu puño y letra se involucran músculos que refuerzan la creación de muchos circuitos neuronales; éstos facilitan el aprendizaje y la retención de lo escrito, algo que no sucede al presionar el teclado. ¿Y para qué la tinta azul? Porque, más que la de cualquier otro color, tiene una frecuencia vibratoria que favorece el logro de lo que alguien se propone y contribuye a aumentar nuestra retención.

En muchas ocasiones me han cuestionado cuál es el fundamento científico de la técnica anterior. No puedo darlo. La verdad es que la aprendí de un *billionaire*, alguien que tiene miles de millones de dólares. Lo que puedo afirmar a cualquiera es que a mí me ha funcionado. Te aseguro que no tengo una fábrica de bolígrafos de tinta azul. Si aún no estás convencido, te diré lo siguiente: ten un poco de fe en esta sugerencia. Después de todo, no tienes nada que perder.

¿Ya tienes la pluma de tinta azul? Ahora, escribe lo que más deseas lograr y cada uno de los elementos que lo componen. Detállalo como si ya lo hubieras alcanzado y sin la menor duda de que sucederá, aunque por ahora no sepas nada sobre cómo lograrlo. La razón de este ejercicio es que la base para lograr el éxito es proponerte un objetivo claro, y mientras mejor lo visualices, más nítido estará ese sueño en tu cabeza. Uno debe asignarle un propósito a la vida. De lo contrario, la existencia transcurre sin una aspiración concreta.

---

## Una definición clásica del éxito

Entre 2006 y los siguientes treinta años, según la UNESCO, más gente se graduará de los sistemas educativos de todo el mundo que desde el inicio de la historia. Durante décadas, acudir a una universidad ha sido el camino recomendado para aprender y progresar. Pero un título profesional no es necesariamente la vía para alcanzar el éxito económico ni en la vida, en general. De hecho, hay millonarios y gente próspera que no estudiaron en la universidad o que —si bien la comenzaron— no concluyeron una carrera. ¿Qué hace a los individuos exitosos distintos del resto?

El tema se ha estudiado ampliamente desde hace más de un siglo. En 1908, Napoleon Hill, escritor estadounidense interesado en contar las historias de gente exitosa entrevistó a Andrew Carnegie, el hombre más rico del mundo y uno de los más poderosos en esa época. Este industrial acerero —hijo de una tejedora y sin educación formal— emigró con su familia de Escocia a Estados Unidos en 1848. Carnegie creía que el proceso del éxito podría delinearse mediante una fórmula sencilla que cualquiera pudiera entender y ejecutar. Cuando conoció a Hill, percibió en él algo especial y le propuso al escritor que documentara todas las estrategias que lo hicieron un hombre de negocios y filántropo legendario.

Su asociación rindió frutos. Con ayuda de Carnegie, Napoleon Hill se dio a la tarea de entrevistar a cientos de individuos exitosos, muchos de ellos millonarios, para descubrir la fórmula del éxito y la abundancia. Resultado de esa investigación fue el libro *Piense y hágase rico*, publicado en 1937, éxito de ventas traducido a decenas de idiomas. Setenta años después de su publicación, la prestigiada revista *Businessweek* lo incluyó en la sexta posición de su lista de libros de bolsillo más vendidos. Para 2011, según Forbes, este clásico había vendido 70 millones de copias.

Pero más allá de las impresionantes cifras de ventas, el mérito de esta obra de Napoleon Hill es la influencia positiva que ha tenido en millones a lo largo de casi ocho décadas. Una de las personas a las que influyó fue Earl Nightingale, leyenda de la radio y pionero en la oratoria motivacional en Estados Unidos. A los diecisiete años se unió a la marina de su país y como miembro de ese cuerpo fue voluntario para trabajar como locutor en una estación de radio local.

Estuvo en Pearl Harbor cuando los japoneses lo atacaron en 1941 y fue uno de los doce sobrevivientes a bordo del buque Arizona ese día. Luego de cinco años más de servicio, se instaló en Chicago y comenzó una productiva carrera en la radio. Nightingale es conocido sobre todo por la grabación que escribió y narró en la década de 1950, titulada *El secreto más extraño*, poco después de haber leído *Piense y hágase rico*.

Nightingale, quien alcanzó tal éxito que decidió retirarse a los treinta y cinco años, venía de una familia sin recursos. Cuando era niño la pobreza en que vivía lo inquietaba y quería saber por qué algunos como él, su madre y sus hermanos batallaban para sobrevivir, mientras otros gozaban de prosperidad. Se preguntaba por qué algunas personas eran tan miserables, mientras otras tan felices. En términos llanos, cuál era la magia que permitía a algunas personas realizar sus sueños, mientras a otras —la gran mayoría— les resultaba imposible hacerlo.

En su célebre grabación de 1956 el conferencista revelaba la respuesta encontrada a los cuestionamientos hechos en la infancia: "Nos convertimos en lo que pensamos."

## PRINCIPIO DE ABUNDANCIA
Tú puedes ser, hacer y tener cualquier cosa que te
propongas si estás convencido de ello y
te preparas para lograrlo.

El álbum *El secreto más extraño* fue el primer discurso oral que ganó un Disco de Oro, luego de vender un millón de copias. Su éxito inspiró un exitoso libro y una conferencia con el mismo nombre. En la misma grabación, Earl Nightingale definió el éxito de una manera que yo considero extraordinaria:

*El éxito es la realización progresiva de un noble ideal.*

En este contexto, por realización Nightingale se refiere a ejecutar el mencionado ideal. Millones de personas sacan provecho del concepto anterior, difundido por este maestro del éxito y pionero del desarrollo personal, incluyendo presidentes, directores generales y deportistas profesionales. Pero quizá el mayor mérito de la definición que el motivador nos obsequió es su carácter universal: aplica para todos los seres humanos. Definida así, la idea del éxito se vuelve sencilla, factible; todo lo contrario a una noción indefinida considerada difícil de alcanzar.

A partir de la valiosa aportación de Earl Nightingale establecí mi propio concepto:

*El éxito es la realización progresiva*
*de un ideal valioso o que vale la pena.*

En una ocasión coincidí como orador con el alpinista Fernando González Rubio, en una convención que se llevó a cabo en Cali, Colombia. Originario de esa nación, lleva veintiocho años escalando y es pionero en el desarrollo de nuevas rutas. Es hasta ahora el escalador más importante de su país y forma parte de la élite del montañismo mundial. Está incluido entre un puñado de deportistas que ha ascendido la mitad de las catorce cimas más elevadas del mundo, sin oxígeno ni ayudas artificiales. Su sueño es conquistar todos los ochomiles; es decir, la catorcena de montañas cuya cima supera los ocho mil metros de altura.

"Fercho", como le llaman sus amigos con cariño, combina su carrera como alpinista profesional con la actividad de conferenciante. En sus charlas narra las escaladas más extremas del planeta —a altitudes que la mayoría de los seres humanos sólo visitan en la comodidad de la cabina presurizada de un avión—, haciendo analogías claras entre su experiencia en las montañas y los valores empresariales, para fortalecer a equipos laborales en temas como trabajo en equipo, perseverancia, disposición al cambio, autonomía, liderazgo y la pasión por el logro de los altos objetivos. Lo que más me impresionó de la plática de este barranquillero fue que, en esencia, se trataba de describir los retos que venció en cada montaña. Era, pues, un relato de la realización progresiva de un noble ideal, como lo definió Nightingale.

Imagina por un momento que deseas subir una montaña. Debes prepararte antes de iniciar el ascenso: estudiar el alpinismo a fondo, hacer un plan, conseguir equipo adecuado y definir las etapas de la escalada. Además, es necesario entrenarte física y mentalmente. Los alpinistas no pretenden alcanzar una cima en una sola etapa. Asumen el reto valiéndose de una técnica segura y depurada que salvaguarda su integridad física sin importar lo dura que sea la prueba, y miran la montaña con sencillez y respeto. Su ascenso es gradual. Esto equivale a la realización progresiva; es decir, el éxito y la felicidad se van viviendo en cada etapa del ascenso, desde que inicias, hasta que llegas a la punta. Por eso, uno debería concentrarse siempre en el siguiente paso lógico, previo al objetivo final que también se mantiene en mente.

Y de manera similar a González Rubio, luego de escalar la primera cima —de alcanzar tu ideal valioso—, y disfrutar la satisfacción de ese triunfo, el siguiente paso es subir otra montaña más alta y después una tercera aún más elevada. Así, sucesivamente, hasta alcanzar tus "catorce ochomiles", que son el éxito con el que sueñas. Evidentemente, cada montaña implicará retos distintos y por lo tanto la subida de cada una de ellas requerirá habilidades y equipo diferente. Imagina de nuevo que subirás una montaña. Primero piensa que se trata de unos seiscientos metros a una cima ubicada a unos tres mil metros de altitud. Para ello quizá baste llegar en coche al punto donde iniciarás la excursión y necesitarás bastones de caminata, zapatos adecuados, ropa abrigadora y un poco de agua y comida. Si no hay contratiempos, subirás y descenderás en menos de un día.

Pero ahora imagina un ascenso a más de ocho mil metros en el Himalaya y el riesgo mayor que implica. Asume que tienes años de experiencia y planeas tu expedición durante meses para estudiar el terreno y los patrones del clima, definir rutas, decidir dónde acampar y gestionar el equipo —incluidos piolets, crampones, arneses, guantes, cascos, cuerda y radios— y las provisiones necesarias. Un helicóptero te dejará a dos mil setecientos metros de altura, lo más alto que un ser humano puede ascender sin aclimatación. Después harás un caminata de una semana hasta llegar al campamento base. Estás consciente de que en la medida en que la altitud se incrementa la presión atmosférica decrece, reduciendo la cantidad de oxígeno disponible: a seis mil metros de altura, ésta se reduce a la mitad de la que hay a nivel del mar. Por esa razón, antes de iniciar la escalada, pasarás varias semanas en el campamento base a una altitud de unos cuatro mil ochocientos metros para aclimatarte, dejando que tu cuerpo desarrolle células rojas para ajustarse a niveles más bajos de oxígeno. Luego harás una serie de viajes de exploración para establecer otros campamentos progresivamente más altos.

Después de estas subidas de preparación y de pasar varias noches en los nuevos campamentos, regresas a tu base para adaptarte poco a poco a los retos físicos del ascenso, antes del empujón final a la gran cumbre que durará cuatro días. Y finalmente emprendes la escalada final. El esfuerzo excesivo que estás haciendo es extenuante, apenas puedes respirar, tus piernas flaquean mientras estás al borde del desmayo a cada paso que das y sientes todo el tiempo un mareo similar al que te da cuando acabas de inflar un globo. Hasta que finalmente llegas. Y ahí, en la cumbre que soñaste, en el momento que visualizaste tantas veces, después de la experiencia extrema que viviste, la euforia, el gozo y la felicidad que sientes son incomparables.

Es posible que el alpinismo extremo no esté en tus planes. Tampoco en los míos. Pero metafóricamente hablando, en el camino hacia el éxito, todos tenemos una montaña por subir. Así que cualquiera que sea la tuya, conserva siempre en mente que tu éxito es el ascenso progresivo rumbo a la cima y lo que debes hacer en cada etapa de la escalada.

---

### Ejercicio 5: Tus triunfos pasados

Lee el ejercicio, pero no lo hagas hasta la segunda lectura. Primero recuerda distintas ocasiones en que te planteaste una meta ambiciosa y la alcanzaste, sin importar lo complicado que fue conseguirla. Anótalas dejando espacio suficiente para incluir después más detalles sobre cada una.

Ahora piensa en los logros de otras personas que conoces —por ejemplo, familiares, amigos y compañeros de trabajo— y anótalos también, dejando igualmente espacio entre ellos.

Para cada uno de los logros que escribiste, propios o ajenos, describe cómo lograste los tuyos y cómo los demás alcanzaron los suyos (en caso de que no lo sepas, imagínalo). Por último, en el caso de los triunfos personales, detalla cómo te sentiste en cada etapa previa al éxito final.

---

## El Ciclo de la Motivación

Después de repasar los logros obtenidos hasta ahora, sin importar las dificultades, tengo la esperanza de que hayas comprendido que a lo largo de tu vida superaste obstáculos para alcanzar los objetivos que te planteaste. ¿Cuántos éxitos escribiste? ¿Cuánto tiempo transcurrió entre un triunfo y otro? ¿Te parece que cada uno está relacionado con el resto o tienen poco o nada que ver entre sí? Si consideras que alcanzar cada logro es un hecho aislado e independiente del resto, pierdes de vista lo que yo llamo el Ciclo de la Motivación, una serie de sucesos que vamos encadenando para nuestro beneficio personal. ¿Has escuchado la frase "El éxito respira éxito"? Quiere decir que un logro abre la puerta a otro. El mecanismo del Ciclo de la Motivación funciona de modo que cuando alcanzas un objetivo, tu confianza se incrementa. Este impulso impacta las acciones que tomes para lograr una nueva meta y, en la medida en que dichos actos se repiten, generan hábitos buenos, que impactan positivamente en tu generación de resultados y se traducen en más éxitos. El razonamiento anterior puede representarse de la siguiente manera:

Aplicar el Ciclo de la Motivación te ayudará a tener éxito. Para ponerlo en acción, primero opta por un objetivo que juzgues relativamente fácil de alcanzar. Cuando lo logres serás exitoso. Si recuerdas lo que leíste en el ejercicio 5 sobre cómo te sentiste conforme avanzabas hacia tu éxito final, seguramente encontrarás que tu confianza se incrementaba. Esta inyección de confianza estimula tus actos frente a otra meta, que puede ser más difícil y excitante pero no inalcanzable: se convertirá en un nuevo éxito, generará más confianza y estimulará nuevamente tus acciones frente a otro reto. En la medida en que acumules éxitos, tus acciones se convertirán en hábitos, en una forma de actuar natural, lo que te permitirá lograr los resultados que desees en cualquier área de tu vida.

Estoy completamente a favor de pensar en grande. Pero para que el Ciclo de la Motivación funcione, la clave es no plantearse al principio objetivos tan ambiciosos que, de no lograrlos, frustren tus expectativas y en lugar de provocar más confianza causen lo contrario. Este ciclo es como pisar el acelerador de un carro. Cuando el conductor arranca el coche y acelera, el movimiento comienza: el auto avanza primero a diez kilómetros por hora, luego a veinte, después a treinta y sigue acelerando. Cada vez que la aguja del velocímetro se desplaza otros diez kilómetros, es como si tu Ciclo de la Motivación hubiera dado una vuelta porque seguiste acelerando más y más, hasta alcanzar los ciento veinte kilómetros por hora. La diferencia es que con el Ciclo de Motivación no hay límite de velocidad: puedes alcanzar los ciento ochenta kilómetros por hora y luego los trescientos, como si fueras un piloto de fórmula uno, y después los quinientos o la velocidad de despegue de un avión. No hay límite. Mi sugerencia es que aumentes el grado de dificultad de tus retos poco a poco hasta lograr objetivos enormes. Al Ciclo de la Motivación también se le conoce como Ciclo del Momentum, que hace referencia a la primera Ley del Movimiento de Newton: un cuerpo en movimiento se vuelve más difícil de frenar conforme gana velocidad. De un modo similar, cuando aplicamos el Ciclo de la Motivación, un buen resultado nos lleva sucesivamente a otro y a otro, hasta ganar tal impulso que nada nos frena. En dicho estado, vamos a tal velocidad que las personas y las circunstancias a nuestro alrededor parecen alinearse para incrementar nuestro éxito. En ese momento, llevamos una inercia de crecimiento y expansión.

Yo visualizo los caminos al éxito y la felicidad como dos carriles en la misma carretera. Por eso recorrer el trayecto hacia el éxito, llevar a cabo lo que yo llamo Realización Progresiva es un proceso que genera felicidad en la medida en que uno avanza hacia la materialización de sueños y objetivos. Y al final, tras superar etapas progresivas hacia nuestra meta, nos sobreviene una enorme felicidad, el equivalente del clímax que experimenta un montañista al alcanzar una cúspide. Cuando hablo de Realización Progresiva me refiero al conjunto de fases en que el éxito se alcanza varias veces. En este proceso, cuando se pasa a la siguiente etapa del plan de acción, surgen nuevos desafíos. Superarlos es en sí mismo un éxito. Y cada etapa nos deja lecciones. Aprenderlas también constituye en sí mismo un éxito. En la medida en que superamos los obstáculos seguimos en el camino hacia el éxito final: el ideal valioso o que vale la pena.

Mucha gente considera que el éxito los elude. Yo, en contraste, estoy convencido de que el éxito y la felicidad son ineludibles si seguimos consistentemente una secuencia en nuestra forma de actuar que tiene como fundamento la perseverancia. Esta secuencia consiste en iniciar una acción y analizar qué se hizo bien y funcionó, siempre con la determinación de reforzarlo y repetirlo. El siguiente paso es analizar qué se hizo mal o no funcionó para corregirlo.

Entonces hay que volver a actuar y evaluar nuevamente lo que funcionó y lo que no. Este proceso se repite indefinidamente. Por eso es vital llevar un registro escrito semanal, mensual y anual de los resultados de todas las áreas productivas de nuestra vida y así evaluar y actuar de modo consecuente. Si procedemos así, es imposible fracasar. En mi opinión, muchas personas ricas y exitosas, que si bien no son necesariamente inteligentes en extremo, sí son perseverantes. Y eso hizo la diferencia.

### ¿Necesitas educarte para tener éxito?

A continuación transcribo un extracto de *El secreto más extraño*, grabado por Earl Nightingale, cuya esencia —en mi opinión— sigue tan vigente hoy en día como a mediados del siglo pasado:

> Tomemos cien hombres que empiezan en las mismas condiciones a los veinticinco años. ¿Tiene usted una idea de lo que será de estos hombres cuando cumplan sesenta y cinco años? Estos cien hombres que empiezan en igualdad de condiciones a los veinticinco años están convencidos de que serán exitosos. Si usted le preguntara a cualquiera de ellos si desea ser exitoso, le contestaría que sí, y notaría su actitud entusiasta hacia la vida, que había una chispa en sus ojos, una postura firme y la vida le parecía una interesante aventura. Pero para cuando tengan sesenta y cinco años uno de ellos será rico. Cuatro serán económicamente independientes, cinco estarán trabajando todavía, cincuenta y cuatro estarán quebrados.
>
> Ahora pensemos por un momento. De cien hombres solamente cinco dieron la talla. ¿Por qué fallaron tantos? ¿Qué sucedió con la chispa que tenían a los veinticinco años? ¿Qué ocurrió con los sueños, las esperanzas, los planes? ¿Y por qué hay una disparidad tan grande entre lo que estos hombres pretendían hacer y lo que finalmente lograron?

En su grabación, Nightingale no aclara qué ocurrió con los treinta y seis hombres restantes. Pero no importa. Lo esencial de su mensaje es que sólo cinco por ciento del grupo logró éxito económico. Y las preguntas que plantea son justas y más que pertinentes. ¿Te has puesto a pensar al respecto? ¿Qué impide a muchas personas hacer realidad sus sueños y materializar sus proyectos? Quizá no echaron a andar su Ciclo de la Motivación. Pero si somos justos, cómo podrían activar un mecanismo del que nunca escucharon. Y eso me lleva a lo que yo considero la raíz del problema: la educación. Y no me refiero a la instrucción que los alumnos reciben en un aula, sino a la formación que se adquiere a través de la lectura de obras sobre el tema, el aprendizaje a partir de la experiencia de mentores y personas de éxito que decidamos emular, y mediante entrenamientos como el Diplomado de Mentalidad de Abundancia. Ello equivale a la preparación física y mental de un montañista antes del ascenso.

El libro *Piense y hágase rico*, contiene muchas enseñanzas valiosas. Pero hay una sentencia relacionada con la educación que a mí me resulta particularmente interesante:

"Una persona educada no es necesariamente una persona que tiene abundancia de conocimientos generales o específicos de un tema, una persona educada es aquella que ha desarrollado las facultades de su mente para lograr cualquier cosa que desee o cualquier cosa que se proponga o su equivalente, sin violar los derechos de los demás." De ninguna manera estoy menospreciando la educación formal. Pero estoy convencido de que pasar por el sistema educativo, sea privado o público, si estudiaste maestría o doctorado o si obtuviste una mención honorífica, ello no equivale a un boleto para el éxito. ¿Hay profesionistas exitosos? Sí. Pero también a lo largo de mi vida he conocido a muchos quebrados o frustrados. No han alcanzado la plenitud porque no logran lo que se proponen.

Del otro lado de la moneda, también sé de muchos casos de españoles llegados a México, quienes solamente contaban con los niveles de escolaridad más básicos y son muy exitosos, por lo menos en términos económicos. Y muchos de ellos son personas plenas en todos los aspectos de su vida.

El mensaje que deseo transmitirte mediante la reflexión anterior es que la instrucción formal no ofrece ninguna garantía de éxito. De hecho, como explicaré en el capítulo 5, la preparación para volverte exitoso impartida en universidades y otros centros educativos tradicionales es más bien pobre. Por eso es necesario que complementes tu formación profesional con la educación para dominar las facultades mentales que te permitirán lograr lo que te propongas.

---

### Ejercicio 6: Lo que realmente quieres

Lee el ejercicio pero no lo hagas hasta la segunda lectura del libro. Esta actividad es al aire libre. Sal a la calle y observa de quince a treinta minutos a las personas a tu alrededor. A partir de tu observación, identifica quiénes tienen más que tú y quiénes menos. Fíjate en cómo visten, los accesorios que usan, si caminan, suben a un coche, camión o bicicleta. Juega al detective. Esos elementos pueden darte pistas acerca de cómo viven tales individuos, sin que los conozcas. Después escríbelo. Algo así como: "Señora de unos cuarenta y tantos años, viste con una bolsa Gucci y zapatos Dolce & Gabbana, sospecho que tiene más que yo" o "Muchacho de unos catorce años que limpia parabrisas en el crucero, debe tener menos que yo."

Los bienes de la gente a tu alrededor pueden resultarte de interés o no. No importa. Ahora concéntrate en lo que tú realmente quieres, aquello que le da verdadero sentido a tu vida. ¿Qué quieres ser, hacer y tener? La respuesta son tus sueños y tu motivación.

---

## La abundancia está más cerca de lo que crees

Después del ejercicio anterior, haz el siguiente propósito en voz alta: Ésta fue la última vez que me comparo con otra persona. No volveré a comparar mi éxito con el de nadie más.

El objetivo de la última actividad no fue generarte frustración al constatar que otros son más prósperos que tú ni que experimentes alegría al saberte más afortunado que algunos semejantes, sino que clarifiques lo que deseas. El propósito de observar lo que otros poseen es percatarte de que cada individuo posee aspiraciones distintas. No tiene sentido adoptar los sueños de otros o ser, hacer y tener lo que otros quieren, porque esas aspiraciones no serían genuinas. Imagina que juegas baloncesto. ¿Tendría caso agotarse corriendo incesantemente de un lado a otro de la cancha si no hubiera un aro donde encestar la pelota? En el juego de la vida, la claridad equivale al aro en baloncesto. Pero como es lógico, ese aro tiene que ser tu aro. No puede ser el de alguien más.

En las diferentes facetas de nuestra vida todos los seres humanos tenemos algo bueno y positivo en mayor o menor medida. Es claro que unos tienen más que otros. ¿Consideras que vale la pena enfocarse en lo que otros tienen y tú no? A nivel personal el éxito es una experiencia individual. Por eso considero que comparar tu éxito con el de otros es sumamente impráctico y no genera beneficio alguno. De hecho, enfocarse en lo que otros tienen y tú no, es una ruta segura hacia la infelicidad y una manera muy fácil de caer en la trampa de creer que no hay riqueza suficiente para repartirla entre todos y adoptar una actitud pesimista con respecto al futuro. Recuerda: no estás en competencia con nadie. La única carrera es contigo mismo, para convertirte cada día en una mejor persona; cada vez en una mejor versión de ti mismo. Sé que todos los días somos bombardeados con malas noticias y eso dificulta mantenerse optimista: guerras, hambruna, asesinatos, atentados terroristas, secuestros, olvido de los derechos humanos, accidentes diversos, protestas, represiones y alzas de precios, son el pan diario en los medios de información. No obstante, yo estoy convencido de que para todos, sin excepción, el futuro es mejor de lo que pensamos.

Peter Diamandis, autor del éxito de ventas editorial *Abundance: The future is better than you think* y fundador de X PRIZE, organización que lleva a cabo competencias globales a gran escala para resolver fallas en distintos mercados, afirma que "hoy el mundo está mucho mejor que nunca". En una publicación de su blog, ofrece distintos indicadores que respaldan su afirmación:

- Hay más riqueza disponible en el mundo: la pobreza ha disminuido más en los últimos cincuenta años que en los quinientos años precedentes. De hecho, en las cinco décadas más recientes, mientras la población en la Tierra se ha duplicado, el ingreso promedio *per cápita* (ajustado por inflación) se ha triplicado globalmente.
- Estamos más sanos: durante el siglo pasado, a escala mundial, la mortandad materna ha disminuido noventa por ciento, la tasa de mortalidad infantil ha bajado noventa y nueve por ciento, mientras la esperanza de vida se ha incrementado a más del doble.
- Si tu apreciación de la prosperidad se basa en la disponibilidad de bienes y servicios, considera que al menos en Estados Unidos, incluso la gente por debajo de la línea de pobreza tiene acceso a teléfonos, retretes, agua corriente, aire acondicionado y hasta un auto. Esas ventajas de la vida moderna, fueron lujos en algún momento que ni siquiera existían hace ciento cincuenta años.
- En este momento, un individuo con un teléfono celular tiene mejores comunicaciones móviles que el presidente de Estados Unidos hace veinticinco años. Y con las herramientas y servicios que ahora son el estándar en un teléfono inteligente, tiene acceso a un localizador GPS, hardware y software para videoconferencias, una cámara de alta definición, un sistema de audio estéreo y una vasta biblioteca de libros, películas, juegos y música que, combinados, hace veinte años habrían costado más de un millón de dólares.

Éstas son buenas noticias. Ahora bien, después de saber que actualmente hay en el mundo más abundancia de recursos financieros, salud, información, bienes y servicios que antes, ¿cómo justificamos nuestro pesimismo? Yo estoy convencido de que nos espera un mundo de abundancia, no sólo como especie, sino para cada individuo que se comprometa con obtenerla. Y no me refiero sólo al concepto de abundancia orientado a la acumulación de dinero. Como describe Diamandis, ésta se orienta a diferentes aspectos de la vida. Abre tu mente para asimilar que aunque televisión, radio e Internet no necesariamente den cuenta de ello, en esta época la humanidad parece estar en vías de resolver muchos de los problemas que han aquejado al género humano desde su origen.

En el primer capítulo hablé de la mentalidad exitosa, de cómo piensan los triunfadores y la manera de obtener prosperidad. No obstante, más allá del aspecto económico y material, cuya importancia es evidente, te sugiero pensar en la abundancia en un sentido más amplio: tanto de tiempo y felicidad, como de relaciones humanas óptimas y salud; así como abundancia de desarrollo intelectual y espiritual. Los anteriores son todos aspectos importantes en la vida de un ser humano. Y si se enfocan sólo algunos, habrá un desequilibrio. Tú eres un ser holístico y tu realización será total cuando logres el éxito en todos los aspectos de tu vida, manteniendo un balance. Querer ser millonario y vivir en una mansión es un objetivo tan válido en la vida como retirarse a una sencilla casa de campo a cultivar hortalizas. Tu éxito, tu búsqueda de la abundancia los defines tú.

Ahora vuelve un momento al Ejercicio 4: cuál es tu logro más importante; piensa o relee lo que escribiste. Pero antes lee la siguiente frase acuñada por Napoleon Hill en *Piense y hágase rico*:

*Cualquier cosa que la mente del hombre*
*pueda concebir y creer,*
*puede lograrse.*

Haz tuyo este principio para abrir las puertas de la abundancia y tener más riqueza y felicidad de las que imaginaste jamás. Ahora has concebido un ideal que vale la pena. Puedes lograrlo. Y estás más cerca de conseguirlo. La claridad en tu objetivo es un primer paso fundamental. Continuemos con tu proceso rumbo al éxito.

## IDEAS PODEROSAS DEL CAPÍTULO 2

- "Nunca dudé que lo lograría, aun sin que supiera cómo lo haría."
- Uno tiene que asignarle un propósito a la vida, de lo contrario transcurre sin una aspiración concreta.
- "Nos convertimos en lo que pensamos."
- El éxito es la realización progresiva de un ideal valioso o que vale la pena.
- Uno debe centrarse en el siguiente paso lógico previo a su objetivo final.
- Ningún logro es un hecho aislado, es un evento que se encadena con otros para lograr nuestro crecimiento y beneficio personal. El éxito respira éxito. Un logro abre la puerta a otro logro. Es el ciclo de la motivación.
- Poco a poco aumenta el grado de dificultad de tus retos hasta lograr objetivos enormes.
- Cuando hablo de realización progresiva me refiero al conjunto de fases sucesivas en el que el éxito se alcanza varias veces.
- El éxito respira éxito. El ciclo de la motivación es: cuando alcanzas un objetivo tu confianza se incrementa, este impulso impacta las acciones que tomes para lograr una nueva meta, y cuando dichos actos se repiten, generan hábitos buenos, que impactan tus resultados y estos se vuelven nuevos éxitos.
- El éxito y la felicidad se vuelven ineludibles si aplicamos la perseverancia y el concepto de corrijo y continúo.
- La raíz del problema que impide a muchas personas hacer realidad sus sueños es la falta de educación, pero no la que se enseña en las aulas, sino la adquirida a través de la lectura de obras sobre el tema del éxito, seminarios y aprendizaje de mentores y personas de éxito.

- No volveré a comparar mi éxito con el de otras personas. Mi trabajo es volverme cada día una mejor versión de mí.
- Aunque en el mundo aún se tienen que resolver muchas fallas, hoy está mucho mejor que nunca.
- Cualquier cosa que la mente del hombre pueda concebir y creer, puede lograrse.

## 3

# Los adversarios de tu éxito

Imagina por un momento que decides hacer galletas y tienes la fortuna de toparte con un prestigiado chef repostero en la calle, célebre por sus deliciosas galletas de chispas de chocolate. Es una oportunidad que no puedes dejar pasar, así que le pides la receta del postre que lo ha hecho famoso. Él duda un momento, pero al final acepta darte la fórmula. Anotas en tu teléfono celular mientras él te la dicta. Después corres al mercado a comprar todos los ingredientes que tu ídolo repostero te indicó y llegas a casa entusiasmado a preparar las galletas. Cuando están listas, apenas puedes esperar para probarlas. Pero en ese momento notas que algo no salió bien: el color, la textura y el olor no se acercan siquiera a los de las galletas que prepara el chef. Finalmente las pruebas y te llevas una enorme decepción porque están duras y no saben ni remotamente a lo que tú esperabas. ¿Qué ocurrió? Te preguntas si tu torpeza en la cocina echó a perder una receta infalible. Nunca volverás a intentar preparar galletas otra vez. Lo intentaste y fue un desastre. Estás convencido de que el problema está en ti. Falso. Lo que en realidad sucedió es que el chef que tanto admiras te dio una receta que sonaba bien en teoría pero deliberadamente omitió ingredientes esenciales, falseó las cantidades de los insumos y te indicó un procedimiento de preparación inadecuado.

Con el éxito ocurre algo similar. Quizá tienes parte de la fórmula para alcanzarlo, pero si está incompleta, los resultados serán parciales o nulos. Cabe preguntarse, ¿por qué nadie nos enseñó esa fórmula durante todos los años que pasamos estudiando en el colegio y luego en la universidad? Yo tengo una teoría, que compartiré un poco más adelante en este capítulo. Por ahora basta decir que nadie incluyó en el sistema educativo materias que nos enseñen a ser exitosos, conseguir abundancia, obtener riqueza y lograr una libertad financiera, que se define como la habilidad de tener el estilo de vida que tú decidas sin necesidad de trabajar ni depender de alguien más por dinero.

¿Alguna vez durante tu vida académica, entre la primaria y la universidad, te enseñaron a hacer negocios y a ganar dinero?

¿Aprendiste a pensar cómo hace la gente exitosa para lograr lo que se propone? O en su defecto, ¿te mostraron cómo adquirir las habilidades necesarias por ti mismo? Actualmente algunos centros de estudio promueven los emprendimientos y la cultura de los nuevos negocios; aunque en mi opinión todavía son muy pocos. A mediados de 2014, la tasa de desempleo para los adultos en México de más de veinticinco años era de casi cuatro por ciento, mientras la de jóvenes entre quince y veinticuatro superaba nueve por ciento. Nuestra sociedad actualmente no puede absorber a todos los graduados que genera la educación superior y por eso en contados casos se les prepara para generar fuentes de empleo al terminar sus estudios, en lugar de buscar trabajo. Aplaudo ese enfoque.

Sin embargo, no todos saldrán con mentalidad emprendedora y eso tiene una razón de ser. Durante nuestros primeros años de vida, somos programados para ser empleados. Los sistemas educativos para las masas son un invento del siglo XIX: surgieron para satisfacer necesidades de la industrialización y por eso se enfocaron en privilegiar materias útiles para generar mano de obra calificada. Posteriormente surgió la especialización que, al menos en principio, mejora las perspectivas de ingreso económico del estudiante. Cuando yo era estudiante, tener un título universitario era casi sinónimo de éxito en la vida. Éxito no como lo planteé en el capítulo anterior, sino como la posibilidad de obtener un buen trabajo. En mi opinión, ese enfoque no ha variado: hoy un joven va a la escuela a aprender, con la esperanza de tener el conocimiento que le permita alcanzar el éxito en la vida. Y normalmente a lo más que aspira con la información que recibe en las aulas es a convertirse en un empleado reconocido y bien pagado. Pero empleado a fin de cuentas.

Todos los que dejamos la casa paterna y empezamos —como suele decirse— a "rascarnos con nuestras propias uñas", debemos generar ingresos para sostenernos y así conseguir casa y sustento. En teoría nos volvemos "independientes" (entre comillas), pero en la mayoría de los casos batallamos para cubrir nuestros gastos del mes. ¿Qué sucede? La vida es cara, nuestros caprichos son caros, somos incapaces de generar más riqueza —o si se quiere ganar más dinero— y, normalmente, somos malos administrando el dinero que devengamos o pedimos prestado.

Por eso me atrevo a afirmar que la mayoría de las personas que tienen un empleo están quebradas o ahogadas en deudas, y normalmente se dedican a sobrevivir, más que a vivir. Sus posibilidades de obtener una verdadera y completa realización en su vida son bajas. Ante su incapacidad de generar más dinero se ajustan a una vida de subsistencia, de la casa al trabajo y del trabajo a la casa. No me malinterpretes. No tengo nada en contra de ser empleado. Yo mismo lo fui durante muchos años, ocupando distintos puestos en varias empresas, aunque eso sí, siempre tuve claro que estaba de paso, preparándome para abrir mi propio negocio. Si tú eres feliz con tu empleo, quédate en él. Pero puedo afirmar, después de capacitar a miles de personas a través de mis conferencias y diplomados, que no todos tienen esa fortuna. Para muchos su empleo es una fuente de frustraciones y una barrera para su realización. Se sienten atrapados en una actividad que detestan pero deben hacer todos los días para pagar las cuentas. Y sobre todo, porque no ven una salida. Y en estos casos, cabe preguntarse qué pasó con estas personas. Si se prepararon durante años para tener éxito, ¿por qué están frustradas, infelices y atrapadas en una vida que no les gusta?

O parafraseando a Earl Nightingale, "¿por qué hay una disparidad tan grande entre la vida que viven y sus sueños?"

Considero pertinente señalar que entre todas las deficiencias de la instrucción que muchos recibimos hay dos fundamentales y que es imperativo satisfacer: educación financiera y desarrollo de habilidades necesarias para lograr cualquier cosa que uno se proponga. Las abordaremos, respectivamente, en el capítulo 4 y la segunda parte del libro.

Ahora bien, ¿por qué nadie nos adiestró en estas habilidades? Para explicarlo citaré algunos párrafos de *La criatura de la isla de Jekyll*, sobre la creación del Sistema de Reserva Federal, como se le conoce al Banco Central en Estados Unidos. En el libro, escrito por G. Edward Griffin, hay un pasaje que viene a cuento para este tema:

> En el año 1903, John D. Rockefeller creó, junto con el gobierno de Estados Unidos, el Consejo General de Educación. Eso se hizo para asegurarse un flujo constante de empleados que siempre necesitaran dinero, empleo y seguridad (que éste suponía).
>
> Hay evidencia de que Rockefeller estaba influido por el sistema de educación prusiano, diseñado para tener buenos empleados y buenos soldados, gente que diligentemente sigue órdenes, tal como "Haz esto o te despido" o "Deposita tu dinero conmigo para que te lo cuide bien y yo lo invierto por ti". Aun sin considerar que ésta fuera la intención al crear el Consejo General de Educación, el resultado hoy en día es que aquellos con una buena educación y trabajo seguro se sienten inseguros financieramente. Sin una educación financiera básica, la seguridad financiera a largo plazo es casi imposible.

Griffin continúa así:

> ¿Por qué el manejo del dinero no es enseñado en la escuela? El propósito de la fundación del Consejo General de Educación era el usar el poder del dinero, no para incrementar el nivel de educación de los Estados Unidos, como se creía en ese tiempo, sino para influir en la dirección de la educación.
>
> El objetivo era usar el salón de clases para enseñar a la gente actitudes pasivas y sumisas frente a sus reglas. El objetivo era y sigue siendo: crear ciudadanos suficientemente educados para el trabajo productivo y operativo bajo supervisión, pero no lo suficiente para cuestionar la autoridad o sobresalir más arriba de su clase.
>
> La verdadera educación debía restringirse a los hijos e hijas de la élite. Para el resto lo mejor era producir trabajadores hábiles sin otras aspiraciones particulares, que disfrutar de la vida.

En el Consejo del que habla el comentarista político estadounidense se determinó que en el plan de estudios de las escuelas jamás se enseñarían a los estudiantes las habilidades para destacar ni aspirar a una vida más allá de la que les permitiría alcanzar su nivel socioeconómico, incluidas las necesarias para lograr sus propósitos, ser exitoso en los negocios o generar riqueza. En mi opinión, los sistemas educativos en otros países no son muy diferentes: han sido diseñados principalmente para implantarnos una mentalidad de empleado.

Además de un sistema educativo que funge como mecanismo para generar empleados tan capacitados como dóciles, considero otro factor que impide a las masas volverse exitosas, acumular riqueza y bienestar: que la minoría, parte de la élite del mundo, se empeña en que los secretos para alcanzar el éxito no se divulguen fuera de sus círculos cercanos, para evitar la competencia. Esta minoría manipula el sistema en que vivimos para mantener a la mayoría en la oscuridad, ignorante de los conocimientos adecuados para alcanzar sus objetivos en la vida. Por eso siempre siento una enorme admiración cuando conozco a alguien que prospera y genera riqueza, pese a provenir de un entorno desfavorecedor o poco propicio: como yo lo veo, su logro se debe más a su actitud, su fuerza de voluntad, su disciplina y su empeño en entrenarse, así como a su aprendzaje de las habilidades adecuadas para desarrollarse como persona y lograr sus objetivos, que a la educación formal que recibió.

Ya abordé previamente la importancia de educarse para el éxito y qué recursos hay para tal fin. Sin embargo, considero que debo enfatizar suficientemente la importancia de la lectura, cuando se trata de entrenarte para obtener prosperidad y riqueza. El profesor de teología y orador Howard Hendricks dijo una vez: "Los líderes son lectores y los lectores son líderes." Los líderes de países alrededor del mundo, los millonarios, los capitanes de la industria, son en su mayoría lectores voraces.

Considero que la información más valiosa se comparte principalmente por medio de la lectura. Este hábito es un denominador común en la gente que goza de abundancia en distintos aspectos de su vida y generalmente fueron educados o se entrenaron a sí mismos para leer constantemente.

Puede parecer absurdo recomendarte en este momento que te hagas el hábito de la lectura. Si estás leyendo estas páginas, obviamente eres un lector. Pero me parece pertinente porque este hábito tiene muchos enemigos potenciales en la televisión, el cine, las fiestas, los videojuegos y en cualquier factor de diversión y entretenimiento que distraiga. Vencer estos pequeños obstáculos, como disciplinarse para leer unas cuantas páginas al día después del trabajo, cuando sólo deseas sentarte frente a la televisión, ya es en sí mismo un pequeño éxito. Si no tienes aún el hábito, desarróllalo: lee un poco todos los días hasta volverte un lector asiduo de obras que te ayuden a ser un mejor ser humano, para robustecer tu mente y tu espíritu en tu propia aventura hacia el éxito.

Ejercicio 7: ¿Qué tipo de educación recibiste y cómo puede ayudarte la lectura a aprender actualmente?

Reflexiona sobre:

1. Las implicaciones en tu vida del sistema educativo. ¿Cómo afecta tu vida la instrucción que recibiste desde niño hasta la edad adulta? ¿Sientes que recibiste una formación adecuada para el éxito? ¿Tu educación te ha limitado para alcanzar tus objetivos o, por el contrario, te da alguna ventaja?
2. La lectura como vehículo de aprendizaje del éxito. ¿Te gusta leer? ¿Lo haces con regularidad? ¿Consideras que esta actividad puede abrirte la puerta al conocimiento?

Escribe tus reflexiones.

## El enemigo en casa

Existe otro factor que obstaculiza nuestro éxito. Se trata de las influencias negativas en nuestro entorno. Yo les llamo manipuladores: hombres o mujeres que ejercen un control sutil en sus semejantes, impidiéndoles desarrollar de modo natural y libre sus opiniones y actitudes.

Gertrudis, una mujer que conocí, ejemplifica exactamente este perfil. Viuda, tenía cuatro hijos, dos varones y dos mujeres. Cada vez que la mujer enfermaba, reclamaba la atención de todos ellos para que la acompañaran. Y cada vez que sus hijos encontraban una pareja veía amenazada la protección que esperaba recibir de ellos. Así que utilizaba argumentos como "Pero si te vas, ¿quién me va a cuidar?" o "Mi amor por ti no tiene igual", para mantener a su descendencia cerca. Su influencia fue tal que mientras ella vivió, ninguno de sus hijos se casó.

La cercanía de un manipulador no es siempre evidente. Pueden tener comportamientos y rasgos de carácter como hipersensibilidad a la crítica; inclinarse a la crítica excesiva, hacer *bullying* o maltrato físico psicológico, hacer bromas degradatoria, mentir y culpar a los demás; miedo a la competencia; deseo de ganar siempre y una sensación constante de que es hostigado. Además, cuando percibe que no le agrada a alguien piensa que esa persona tiene la intención de dañarlo de alguna manera; es decir, sufre una especie de paranoia selectiva. Esta clase de personas, que por lo general suelen ser muy cercanas —padres, cónyuges, amigos, jefes y compañeros de escuela o de trabajo—, no sólo utilizan diversas maniobras para obligarnos a hacer lo que desean, sino que en el proceso consiguen además hacernos sentir culpables y desvalorizarnos. Logran su cometido a costa de nuestra autoestima y salud.

Analiza si te encuentras en el área de influencia de una persona con algunas de las características anteriores. El peligro de estar expuesto a su control sutil es que puede devastarnos mentalmente, al generar en nosotros sensaciones de incapacidad, inseguridad, falta de alegría, temor, frustración, furia o ansiedad; así como un sentimiento de fracaso constante en todo lo que emprendemos.

Como resultado, una víctima de la manipulación se caracteriza por tener una autoestima deficiente, manifestada mediante una autocrítica dura y excesiva. Además tiende a ser muy indecisa y es hipercomplaciente. También tienen tendencia a enfermarse y no curarse, o recaer mientras tengan la influencia del manipulador.

Los afectados por la manipulación pierden de modo parcial o total la capacidad de actuar racionalmente; su capacidad para reflexionar disminuye a tal grado, que son incapaces de tomar resoluciones o elegir las acciones que les convienen. Además, están en condiciones de desventaja para liberarse de la influencia del manipulador. En ocasiones ni siquiera se dan cuenta del abuso que sufren y, a veces, hasta lo justifican.

Identificar a esta gente no es fácil. Rara vez se muestran tal cual son: se ocultan tras una máscara de seducción, que a veces es tan efectiva que la persona manipulada no sólo es incapaz de identificar la conducta dañina a la que está sometida, sino que se molesta con quienes, de buena fe, tratan de hacérsela notar.

Otro rasgo característico de este tipo de gente es que se las arreglan para tener siempre la razón y lograr que su víctima se sienta culpable por algo que no hizo. Usa comúnmente la frase "Tú tienes la culpa". Pase lo que pase, si no alcanza el dinero, si hubo un retraso, si cualquier cosa sale mal, su víctima termina asumiendo la culpa.

La manipulación es un fenómeno mucho más común de lo que nos imaginamos y probablemente tú, como la mayoría de las personas, la experimentaste alguna vez. Puede ocurrir en cualquier ámbito —familiar, laboral, social—, sin importar el nivel cultural o socioeconómico. Personalmente he enfrentado varias situaciones de este tipo en el transcurso de la vida y hoy sé con absoluta certeza que esa condición existencial inhibe las posibilidades de éxito de cualquiera. Durante una etapa de mi vida sufrí de primera mano ese obstáculo en la búsqueda de los resultados que pretendía. Cuando resolví la situación directamente con las personas que me afectaban o dejé de relacionarme con ellas, pude actuar por el bien de mi cordura, mi salud y mi futuro. De hecho, en mi caso, recurrí a ayuda profesional con algunas organizaciones y personas expertas en el tema para resolver mi situación.

Considero muy importante subrayar que si hay uno o varios manipuladores a tu alrededor, el éxito realmente es difícil de alcanzar. Pero es pertinente hacer una aclaración. Es fundamental distinguir entre la habilidad de persuadir y el devastador efecto de manipular. La persuasión consiste en convencer a alguien para hacer o no hacer algo. Se trata de una habilidad propia de un buen promotor o un buen vendedor; una destreza que conviene desarrollar y poner en práctica.

La manipulación, por el contrario, siempre es hostil. Quien la practica opera de manera solapada, se vale de la seducción y su encanto, y consigue lo que busca dirigiendo la voluntad de la víctima y aprovechándose de su sensibilidad y vulnerabilidad. Es fruto de un desequilibrio de fuerzas en una dinámica en la que el manipulador abusa del poder que tiene sobre el manipulado, sin importar si éste dio entrada a dicha dinámica o no.

Se podría decir que quien practica el arte de la persuasión "afecta positivamente" a las personas, mientras el manipulador las "infecta negativamente". Los dramas de películas y telenovelas están llenos de personajes que manipulan: suelen actuar a escondidas y provocan un caos al difundir chismes o mentiras. Este tipo de personas posee una gran habilidad para inventar ideas distorsionadas de la realidad; ilusiones si se quiere. Es incluso capaz de negar consciente o inconscientemente lo que hace.

¿Cuál es el origen de un manipulador? La raíz de su comportamiento se debe a que él mismo fue manipulado en el pasado e hizo suya esa conducta, como si hubiera sido programado.

Es muy difícil deshacerse de ella o modificarla, porque se trata de un modelo aprendido, a menudo de forma inconsciente. El trastorno es tan profundo que duplica esas pautas, consciente o inconscientemente, de forma obsesiva y permanente.

A menudo son los padres, al impartir una educación autoritaria, quienes provocan que los hijos asuman personalidades manipuladoras con su pareja o sus propios hijos. Conozco muchos casos de noviazgo o matrimonio en los que uno de ellos tiene esta personalidad manipuladora y le hace la vida imposible a su pareja, quien rara vez se da cuenta de por qué es tan desdichada y le va mal en la vida.

Si bien nadie está exento de involucrarse con un manipulador, existen personas más vulnerables que otras, debido a ciertas experiencias del pasado no resueltas: la convivencia con adultos manipuladores en su entorno afectivo, una educación represiva, entre otras razones, podrían ser el origen de dicha vulnerabilidad.

La personalidad de estos individuos se caracteriza fundamentalmente por su búsqueda de sentirse dignos de ser amados o aceptados. Han crecido con la idea de que es necesario ser complacientes para recibir amor y gozar de aceptación. Temen ofender, desagradar, herir a los demás pero, sobre todo, tienen miedo de dejar de ser queridos, apreciados y aceptados. No podrían soportar el rechazo y se vuelven cada vez más vulnerables ante esos temores. También tienden a ser ingenuos.

Las personas con este perfil llegan a mantenerse por muchos años en una relación enfermiza y un ciclo de autodestrucción porque no entienden lo que sucede. No se percatan de su circunstancia o, en otras palabras, no saben que no saben. Y por lo tanto, son incapaces de salir adelante y tener éxito en los distintos aspectos de su vida.

Hay dos tipos de relación en que se observa la dinámica entre manipulador y manipulado:

1. Predeterminada. Definida por lazos consanguíneos, se da entre padres, hijos, hermanos y otros parientes.
2. Por elección. Escogida entre otras opciones, se da entre amigos, pareja, jefe o compañeros de trabajo, por ejemplo.

---

Ejercicio 8: Desenmascara a tu manipulador

Analiza y escribe si estuviste o estás bajo la influencia de un manipulador. Medita sobre los efectos que su control sutil pudo tener en ti: sensación de incapacidad, inseguridad, falta de alegría, temor, frustración, furia, ansiedad, incluso enfermedad aguda o crónica, así como la repercusión de su cercanía en tus fracasos acumulados.

Ahora reflexiona sobre las características de dicha persona que empatan con la personalidad manipuladora descrita —hipersensibilidad a la crítica; tendencia a exagerar la crítica, hacer *bullying* o maltrato físico o psicológico, hacer bromas degradatorias, mentir y culpar a los demás; miedo a la competencia; deseo de ganar siempre, una sensación constante de que es hostigado y paranoia selectiva. Enuméralas por escrito.

---

## La disyuntiva de la víctima

Sólo las personas afectadas por la manipulación reconocen el abuso, pues lo padecen. De poco sirve que alguien bien intencionado trate de hacerle ver su situación, si el manipulado no está listo para abrir los ojos y darse cuenta.

No siempre es fácil percatarse de la presencia de un individuo manipulador. Es necesario poner mucha atención para detectar esta conducta.

Si es tu caso, una vez que te das cuenta del sometimiento devastador que padeces, tienes dos claras opciones, igualmente válidas:

**a)** Seguir adelante con la relación e intentar mejorarla con cambios radicales.

**b)** Dar por finalizada esa relación: "Todo aquel que entra en algo, puede y tiene el derecho de salir de ahí."

En cualquier caso, será necesario analizar la relación entre el costo y el beneficio de tu decisión. Pero cuidado, no te precipites. Debes tener en cuenta que todos podemos tener algún rasgo manipulador, pues se trata de comportamientos aprendidos, aunque eso no nos hace necesariamente manipuladores, una vez consciente de eso debemos corregir ese proceder. También sugiero que medites si el presunto manipulador no es un individuo en posición de liderazgo, que pueda chocar contigo, pero tiene intenciones genuinamente buenas. Recuerda que el manipulador tiene en el fondo una intención negativa, acumula varias características del perfil descrito y su influencia te resulta dañina, al menoscabar tu autoestima y salud, y repercutir en tus fracasos. A un manipulador lo desarmas cuando haces evidente ante él su carácter manipulador, usando argumentos que ponen de manifiesto su control sutil y malintencionado, de tal modo que nadie pueda dudar de dicho control ni negarlo. Así sale a la luz su proceder oculto.

Si decides llevar adelante la relación con tu manipulador, intentando mejorarla, sólo un cambio tuyo de actitud muy evidente y firme te resguardará de su influencia. Este cambio también te protegerá de caer en manos de otro manipulador. Ten en cuenta que desactivar la programación que desencadena la manipulación requiere mucho tiempo y un buen resultado no es seguro. Así que evita expectativas de resultados inmediatos para no desanimarte.

¿Imaginabas que podría haber una influencia tan destructiva cerca de ti? En lo que respecta al éxito, la mayoría de la gente ignora que ignora. Y si no sabes que no sabes, estás en desventaja. Ahora entiendes que tu educación no necesariamente te dio las herramientas para lograr tus sueños y quizá hay en tu vida gente que en lugar de sumar hacia tus objetivos, resta. A partir de este momento puedes actuar para corregir esas circunstancias.

Hasta ahora hemos hablado con detalle de factores externos que impiden a la gente tener éxito. Pero no son los únicos. Más adelante, en los capítulos 5, 9 y 10, profundizaré en los factores internos: las creencias limitantes y el rompimiento de los acuerdos que establecemos. Pero antes nos abocaremos a analizar tu disposición a aprender lo que aún desconoces en torno a la generación de abundancia.

---

### IDEAS PODEROSAS DEL CAPÍTULO 3

- Es probable que no tengas el éxito que deseas porque no tienes la fórmula completa o tienes datos falsos.
- El sistema educativo en todos los países está orientado principalmente a crear empleados, es decir, personas con actitudes pasivas y sumisas frente a las reglas. Lo que lleva a la mayoría a mucha frustración y crear una barrera para realizarse.
- Algunas personas con "intereses creados" se empeñan en que los secretos para alcanzar el éxito no se divulguen fuera de sus círculos cercanos, para evitar la competencia.

- Más que por la educación formal, una persona exitosa lo es por su actitud, su fuerza de voluntad, su disciplina y su empeño en entrenarse. Así como por su aprendizaje de las habilidades adecuadas para lograr lo que se propone.
- "Los líderes son lectores, los lectores son líderes."
- Hay personas llamadas manipuladores, hombres o mujeres que ejercen un control sutil en sus semejantes, les impiden desarrollar en forma natural y libre sus opiniones y actitudes, y en mayor o menor grado destruyen la vida de quienes les rodean.
- Un manipulador tiene hipersensibilidad a la crítica, se inclina a la crítica excesiva, practica el *bullying* o el maltrato físico o psicológico, hace bromas degradadoras, miente, culpa a los demás, tiene miedo a la competencia, desea ganar siempre y siente constantemente que es hostigado.
- Los manipuladores, por lo general, suelen ser padres, cónyuges, amigos, jefes y compañeros de escuela o de trabajo.
- La víctima de la manipulación se caracteriza por tener una autoestima deficiente, una autocrítica dura y excesiva, tiende a ser indecisa e hipercomplaciente, con tendencia a enfermarse y no curarse, o recaer constantemente.
- Si hay uno o varios manipuladores a tu alrededor, el éxito es realmente difícil de alcanzar.
- Es importante distinguir entre lo malo de la manipulación y lo bueno de la persuasión. El arte de la persuasión "afecta positivamente", la manipulación "infecta negativamente".
- Todos podemos tener un rasgo de manipulador, pues se trata de comportamientos aprendidos, aunque eso no nos hace manipuladores. Una vez conscientes de ello, debemos corregir ese proceder.
- Al final, una vez que te das cuenta del sometimiento, tienes dos opciones: seguir adelante con la relación e intentar mejorarla con cambios radicales. O darla por finalizada: "Todo el que entra en algo puede y tiene el derecho de salir de ahí."

## 4

# ¿Estás decidido a aprender y cambiar?

En tu búsqueda del éxito, ¿estarías dispuesto a aceptar el consejo de cualquiera? Yo no, entonces, ¿a quién escucharás? La respuesta más sencilla sería: a alguien exitoso. La cuestión es que, como ya expliqué, el éxito es distinto para cada uno, cada individuo en su mente quiere ser, hacer y tener algo diferente. De modo que, ¿a quién exactamente vas a escuchar? La respuesta que yo he aprendido de personas con éxito es: "A quienes estén donde tú quisieras estar, tienen lo que tú quieres y estuvieron donde estás ahora."

Sin embargo, cabe aclarar que las recomendaciones o filosofía que estos mentores o maestros te transmitan, al final no son otra cosa que sus opiniones. Tú eres el único que debe sacar sus propias conclusiones respecto a la validez o conveniencia de la orientación que recibes. Ábrete a las sugerencias de personas que pasaron por lo que tú pasas ahora, pero usa tu criterio para determinar si valen la pena o no. Eso aplica, dicho sea de paso, para el contenido de estas páginas. Piensa en este apoyo hacia el éxito de manera similar a como sería una visita a un médico, abogado o contador. Si confías en él, probablemente no necesites una segunda opinión. Pero si no estás convencido del diagnóstico o la solución que alguno de estos profesionistas te propone, es perfectamente válido buscar otro diagnóstico o propuesta de servicio. Y al consultar a otro experto, es posible que la nueva opinión sea diferente. Pero no importa cuántos especialistas consultes, al final tú tienes la última palabra y, claro está, la responsabilidad de la decisión que tomes.

Eso sí, ten cuidado a la hora de escoger un mentor. Basado en mi experiencia, puedo afirmar que mucha gente opta por aprender de personas que no lograron éxito en distintos aspectos de la existencia y entonces sobreviene el fracaso de cualquier emprendimiento. De modo que insisto: ¿de quién vas a aprender? ¿A quién vas a escuchar?

La clave cuando eliges a una persona exitosa como modelo a seguir, es emular las acciones y las estrategias que lo caracterizaron en el punto en que inició y durante su crecimiento, en lugar de imitar lo que hace actualmente, cuando ya goza los frutos de su éxito. El hombre o mujer que es hoy será más difícil de imitar que la persona que fue cuando buscaba el éxito. Por esta razón, recomiendo leer biografías de gente que prosperó y destacó; ello permite visualizarla desde sus comienzos.

## PRINCIPIO DE ABUNDANCIA
Aprende de aquellos que están donde tú quieres estar,
siguiendo sus pasos desde sus comienzos
y durante su etapa de desarrollo.

Para enfatizar la importancia de un guía en la búsqueda del éxito, citaré a uno de los mejores oradores motivacionales que hayan existido, Jim Rohn:

*Somos el promedio de las cinco personas
con las que pasamos más tiempo.*

Tengo la esperanza de que la frase anterior te abra los ojos sobre la importancia de tomar a gente exitosa como modelo a seguir y, en la medida de lo posible, rodearte de ella. ¿A qué se refiere Jim Rohn? Quiere decir que tu éxito es influido en buena medida por la gente más cercana a ti. Ello afecta nuestra autoestima, nuestra forma de pensar y nuestras decisiones. Por eso yo recomiendo dejarse influir por gente exitosa.

Cuando planteo esto en mis diplomados, hay personas que se angustian. "¡Yo no conozco a nadie exitoso ni tengo amigos millonarios!", dicen. Entonces les explico que hay varios caminos para aprender de gente triunfadora.

Hay tres caminos y cada uno es sorprendentemente simple. No me asombraría que ya los intuyas. De hecho, ya los he mencionado en el capítulo 2, cuando hablé sobre la necesidad de educarse para el éxito. Las rutas son:

a) **Libros.** Si no conoces personalmente a un individuo exitoso y próspero que puedas imitar, vuélvete amigo de uno a través de la lectura. Visítalo con frecuencia y si sus enseñanzas tienen sentido para ti, no lo abandones después de terminar su obra: relee el libro o vuelve a hojear los pasajes que te aportaron la información más valiosa. La ventaja de esta ruta es que no hay que compaginar agendas, pues la adquisición de conocimientos se ajusta a tus tiempos. Yo acostumbro escuchar un audio en el auto cuando me desplazo y siempre llevo un libro conmigo cuando tengo una cita o hago un trámite, para leerlo mientras espero.

b) **Encuentros cara a cara.** Lo ideal es que sean personales, quizá tomando un café, pero también podemos sacarle provecho a la tecnología, comunicándonos con ellos por medio de una videoconferencia, usando herramientas como Skype u otras opciones de comunicación vía Internet. En esta relación asumes con humildad que tus mentores saben lo que tú ignoras, pues ya han pasado por las etapas para llegar al éxito que tú apenas emprendes. Te vuelves una especie de aprendiz. En estas asesorías personalizadas, nuestros orientadores pueden hacer un seguimiento puntual de nuestro progreso. El valor de estas sesiones va más allá de las recomendaciones que te hagan. Sus mayores virtudes pueden estar en la crítica constructiva que recibas y la red de contactos de tu mentor a la que podrías acceder.

c) **Programas de aprendizaje.** Los seminarios en vivo o sistemas de estudio por medio de conferencias grabadas también son una excelente alternativa de enseñanza. Y no lo digo sólo porque yo imparto algunos, sino porque en ellos, puedes recibir en un periodo de tiempo breve —un día, un fin de semana o a veces un poco más—, herramientas para lograr tu éxito. Si están bien estructurados y son impartidos adecuadamente, constituyen un coctel explosivo de educación para la superación personal.

Lo mejor es combinar los tres. Ello generará un impacto positivo de enormes proporciones en tu vida y tu éxito. Ahora bien, para tomar cualquiera de los caminos el requisito es que seas "enseñable", es decir, que tengas propensión al aprendizaje y la transformación, la cual está determinada por un indicador.

### El índice de enseñabilidad o índice de ser enseñable

Esta medida expresa qué tan abierto estás para ser educado. No importa si se trata de aprender un idioma, tocar el piano o invertir en acciones. Yo la considero fundamental, pues dado que el éxito se alcanza con una formación adecuada, ésta es muy difícil de asimilar si nuestro índice es bajo.

Cualquier persona comprometida con su éxito debe conocer y mejorar su índice de ser enseñable para absorber los conocimientos que le ayudarán a lograr todo lo que se propone. A menos que el índice de ser enseñable de una persona sea alto para un objetivo específico, entrenarse y educarse equivaldrá a una pérdida de tiempo.

El índice de enseñabilidad está compuesto por dos variables:

1. Voluntad de aprender.
2. Voluntad de cambiar.

Y cada una de ellas recibe una calificación en una escala de cero a diez, donde el último número corresponde al máximo nivel de voluntad. Esta puntuación se adjudica de manera subjetiva, mediante un examen personal.

### ¿Realmente deseas aprender?

Enfócate primero en tu Voluntad de aprender. Para adjudicarle un valor debes preguntarte cuál es la magnitud de tu disposición a aprender, en una escala de cero a diez. O, en otras palabras, qué tanto deseas aprender lo que te has propuesto estudiar. Uno podría decir que tiene "muchos" deseos. Pero para determinarlo con más claridad, reflexiona sobre cuánto dinero, esfuerzo y tiempo estás dispuesto a invertir en tu instrucción. ¿Qué estás dispuesto a sacrificar en aras de conseguirla? Si quisieras aprender un nuevo idioma, qué nivel le asignarías a la variable de Voluntad de aprender. En el caso de tu intención de aprender de este libro, ¿qué calificación te pondrías? Si tienes un proyecto o negocio que deseas que funcione, ¿cómo te calificarías?

La voluntad alta de aprender conlleva un elevado compromiso personal y la convicción de renunciar parcialmente a distracciones como televisión, cine, Internet o redes sociales en todas sus modalidades; así como a los encuentros con amigos, vida familiar, pasatiempos y actividades recreativas, como practicar deporte o salir de fin de semana. Tanto el tamaño y la duración de la privación como el esfuerzo varían en función del reto asumido. Alguien —voy a llamarlo Jack— me contó una vez la siguiente experiencia: estaba cursando un seminario que se impartía en la ciudad de Chicago cuando escuchó a un instructor que promovía un curso para aprender a hacer un millón de dólares en un año o menos, desde la comodidad de su casa. Jack inmediatamente se dijo: "Yo quiero ir." En ese instante su Voluntad de aprender fue diez pero a continuación el entrenador advirtió que el curso se llevaría a cabo en Los Ángeles. Entonces Jack se dijo: "¡Uy no!, está muy lejos" y entonces en un segundo su Voluntad de aprender bajó, digamos, a seis. Después el promotor del curso mencionó que éste costaría cinco mil dólares. En ese momento Jack pensó: "Está demasiado lejos y es muy costoso", y su Voluntad de aprender se desplomó a cero.

*Cuando quieres algo pero no estás dispuesto a pagar el precio, no conseguirás el premio.*

Jack era todo lo contrario a las personas de otras ciudades o incluso países que se trasladan hasta la ciudad de México para tomar el Diplomado de Mentalidad de Abundancia. Ellos no invierten sólo en su capacitación, sino también en sus viáticos, transporte y hospedaje. Su Voluntad de aprender está en el más alto nivel.

No estoy sugiriendo que renuncies a tu vida en pos de tu educación y tu éxito. Lo que trato de explicar es que si tu Voluntad de aprender es alta, estarás dispuesto a hacer verdaderos sacrificios y redoblar los esfuerzos cuando sea necesario. Tal vez si deseas pagarte unas clases de piano dos veces por semana saldrás menos a comer a restaurantes para compensar el gasto y verás menos televisión para estudiar. Quizá si te comprometes con tu negocio hasta que éste marche sobre ruedas, verás menos a tus amigos, convivirás menos con la familia, harás menos ejercicio del que quisieras y evitarás lujos como comprar el coche último modelo que deseas. Soy un defensor de llevar una vida balanceada pero la Voluntad de aprender significa estar dispuestos a hacer ajustes en nuestra vida, para abrirle espacio a nuestra educación y obtener los recursos necesarios para superarnos. Y si eso significa dejar de lado otros aspectos de la vida por un tiempo, entonces que así sea por una temporada.

Cuando una persona desea realmente lograr un sueño y se compromete con alcanzarlo, mantener una vida balanceada se vuelve un mito. Ten en cuenta que el éxito va de la mano con el compromiso, el enfoque, la disciplina, la voluntad y la perseverancia. Por eso considero que este grado de exigencia invariablemente desajusta otros aspectos de la existencia. Para que una alta voluntad de aprender no provoque un caos completo en tu vida establece prioridades y haz contigo mismo un compromiso paralelo para no desatender lo fundamental.

Si en este momento haces cálculos mentales sobre todo lo que sacrificarás en tu vida para alcanzar el éxito, detente un momento.

Según un estudio dado a conocer en 2014 por la firma de capital de riesgo Kleiner Perkins Caufield & Byers, que incluye hábitos de consumo de distintos dispositivos electrónicos, un estadounidense ve en promedio aproximadamente setenta y cinco horas de televisión al mes. Eso equivale a verla unas diecisiete horas por semana o, si se quiere, estar sin parar frente al aparato encendido durante cinco semanas de un año. Si éste es el consumo promedio de televisión durante sesenta y cinco años de vida de un individuo, éste habrá pasado, al cabo de ese tiempo, seis años y medio desperdiciados viendo el aparato.

En México vemos menos televisión. Un mexicano pasa una media de cuarenta y siete horas al mes frente al televisor. Es decir, casi once horas a la semana o el equivalente a tres semanas sin parar al año. Al cabo de sesenta y cinco años, habrá pasado cuatro años frente a la pantalla chica. Ahora bien, si añadimos el tiempo que cada uno pasa en promedio frente a la pantalla de un teléfono inteligente, el estadounidense y el mexicano habrán pasado poco más de trece y once años, respectivamente, frente a una pantalla.

¿Se te ocurre qué podrías hacer con ese tiempo? Sólo cinco años, menos de la mitad del tiempo que muchos pasan frente a un dispositivo de comunicación o entretenimiento en toda su vida, son suficientes para establecer la base sólida de tu éxito y tu libertad financiera.

¿Te parece justo intercambiar las horas de desconexión del televisor, videos en Internet y las publicaciones de tus contactos en redes sociales por más tiempo para educarte y alcanzar tus objetivos? Piensa en esos momentos de distracción como en cigarrillos y cafés que fumas y bebes todos los días y que sin que te percates, sangran tu presupuesto.

Si necesitas tiempo para educarte o dedicarte a tu proyecto, quizá podrías terminar más pronto tus obligaciones si reduces a la mitad los periodos que dedicas a tu pausa para fumar, charlar con los compañeros de trabajo o ponerte al día con las últimas novedades publicadas en Facebook y Twitter. También tendrías más tiempo si evitaras ver el programa de televisión del que todos hablan.

Te lo plantearé así: tengo un amigo, ahora millonario y en general muy exitoso, que cuando entendió el concepto de Voluntad de aprender, hizo varios recortes de revistas que ilustraban sus objetivos, sueños y deseos, relacionados con ser, hacer y tener. Luego los pegó sobre la pantalla de su televisión, consciente de que si deseaba ver el aparato tendría que quitar sus sueños de enfrente.

**¿En serio deseas cambiar?**
Ahora considera tu Voluntad de cambiar. Para asignarle un valor a esta variable, debes considerar cuál es la magnitud de tu disposición a evolucionar, en una escala de cero al diez. Hablo de tu deseo de transformar tu pensar, hacer y sentir. Fortalecer la Voluntad de cambiar es un reto aún mayor que fortalecer la Voluntad de aprender.

Imagina a alguien que quisiera bajar de peso y presenta una alta Voluntad de aprender, de modo que investiga cómo hacerlo. Estudia y se documenta sobre el tema, y visita a un nutriólogo. Y gracias a la información que recibe de las fuentes consultadas, incluido un especialista, llega a la conclusión de que debe cambiar su dieta por una muy saludable que excluya comida chatarra y hacer más ejercicio. En su índice de ser enseñable, en este momento entra en juego la segunda variable, la Voluntad de cambiar. Si habitualmente consume alimentos poco nutritivos y con alto contenido calórico, cambiará su alimentación para cerrar el ciclo completo del índice de ser enseñable. En este caso, si este individuo presenta una alta disposición para transformar sus hábitos respecto a lo que come e incrementar la actividad física que realiza, su Voluntad de cambiar será alta. Ésta, combinada con su Voluntad de aprender (activada primero), da como resultado un índice de ser enseñable elevado.

Hace unos años conocí en la ciudad de Monterrey a Sergio, un joven recién egresado de la universidad, que no podía conseguir trabajo. Se había titulado con buen promedio y era disciplinado, comprometido y trabajador pero estaba decepcionado porque llevaba un año acudiendo a entrevistas de trabajo y nadie lo contrataba. Me interesé en su caso y después de charlar un poco más con él, descubrí que no daba importancia a su atuendo cuando tenía una de esas entrevistas porque consideraba que la ropa no definía quién era él. Vestía mezclilla, tenis y una playera como cualquier joven de hoy. Nunca había estado dispuesto a cambiar su manera de vestir por una indumentaria más formal. Le comenté que quizá hacer ese cambio lo beneficiaría y le expliqué que, a pesar de concordar con su filosofía sobre la vestimenta, en la sociedad y en los negocios hay normas, reglas y acuerdos. En un ambiente empresarial se espera que se respete cierta etiqueta. Y también le dije que era necesario incrementara su Voluntad de cambiar. Tres meses después lo volví a ver y me contó que después de nuestra conversación había ido a una tienda departamental para comprar el primer traje y corbata de su vida, que usó en sus siguientes entrevistas. No fueron muchas. En sólo dos semanas había obtenido un buen puesto.

Tu disposición para transformar tu manera de pensar, sentir, hacer y comportarte será determinante para cambiar las condiciones de tu existencia.

*Si quieres cambiar cosas en tu vida,*
*deberás cambiar cosas en tu vida.*

De manera que si quieres que tu vida se transforme, algunos cambios pueden ser:

- No puedes seguir creyendo todo lo que siempre has creído.
- No puedes seguir haciendo todo igual.
- No puedes seguir despertándote siempre a la misma hora.
- No puedes seguir comiendo las mismas comidas.
- No puedes seguir haciendo la misma rutina.
- No puedes seguir diciendo las mismas palabras.
- No puedes seguir repitiendo en tu cabeza los mismos pensamientos.
- No puedes seguir teniendo los mismos amigos.

Sólo así verás grandes cambios en tu vida.

*La multiplicación de las variables*
Cuando asignas una puntuación tanto a tu Voluntad de aprender como a tu Voluntad de cambiar respecto a un aprendizaje específico, ha llegado el momento de combinarlas. Esto se hace multiplicando ambos valores. Así, si la Voluntad de aprender equivale a diez y la Voluntad de cambiar también, tenemos:

$$10 \times 10 = 100$$

En cambio, si tenemos el caso de una Voluntad de aprender valorada en diez pero ninguna Voluntad de cambiar, entonces el resultado será:

$$10 \times 0 = 0$$

El índice de ser enseñable clarifica tus posibilidades de éxito en tu educación. Recuerda siempre que no es suficiente con aprender los conocimientos adecuados para desarrollar la habilidad que deseas, es necesario cambiar para aplicar en la vida lo aprendido. Es muy distinto haber leído o escuchado información valiosa a ponerla en práctica. Ten siempre en mente que tú no sabes algo hasta que lo has vivido. Por eso no es suficiente sólo estudiar un conocimiento: hay que usarlo.

La meta de cualquiera comprometido con alcanzar el éxito debería ser cien. Si alguien tiene una Voluntad de aprender de cinco y una Voluntad de cambio de igual número, su índice de ser enseñable será de apenas veinticinco. Una persona así debe trabajar mucho en fortalecer su índice de enseñabilidad para aspirar al máximo nivel, que le permitirá acceder al conocimiento que busca y hacerlo suyo.

---

Ejercicio 9: Calcula tu índice de enseñabilidad
En esta actividad definiremos tu índice de ser enseñable respecto a aprender a alcanzar el éxito.

1. Después de reflexionar tu calificación, escribe el puntaje que le asignas a tu variable de Voluntad de aprender a alcanzar el éxito.
2. Tras analizar la razón que sustenta tu puntaje, anota el puntaje que le asignas a tu variable de Voluntad de cambiar para alcanzar el éxito.

3. Calcula tu índice de enseñabilidad al multiplicar los dos valores anteriores y medita sobre tu mucha o poca inclinación hacia una educación y la voluntad de cambio que te enseñe el camino para lograr el éxito, la riqueza y la abundancia.

---

### Tus ingresos crecerán contigo

Bajo la óptica del índice de ser enseñable, el hombre es como las plantas: crecen o se mueren. Abordaré ahora un tema relacionado de manera indirecta con el índice de ser enseñable y que a muchos lectores interesa, relacionado con la riqueza.

¿Recuerdas al amigo mencionado que tuvo la genial idea de cubrir su televisor con recortes que representaban sus sueños? Adquirió un nuevo nivel de conciencia al comprender el daño que actividades poco productivas, como ver la tele —que ofrecen una satisfacción pasajera a corto plazo—, estaban costándole a sus objetivos de largo plazo, que al final se traducirían en un regocijo duradero. Al darse cuenta de ello, esta persona creció como ser humano. Primero cambió sus acciones, como dejar de ver el televisor, lo que le recordaba que debía concentrarse en sus sueños. Con el tiempo, prescindir de las distracciones se volvió un hábito, y estar enfocado en "el premio" se volvió otro hábito. Todo lo anterior equivale a un crecimiento personal.

Y he aquí lo genial de este desarrollo:

*Tus ingresos crecerán en la medida*
*en que tú crezcas.*

Ahora bien, para que esto ocurra, no basta con desterrar los distractores de nuestra vida y concentrarnos en nuestro objetivo. Hay un aspecto mundano de orden administrativo vinculado a la razón por la que gastamos en lo que gastamos, y de manera general, cómo gestionamos el dinero que ganamos.

En 2009, Nielsen, una firma especializada en medir audiencias en medios de comunicación, dio a conocer que, en promedio, un niño en Estados Unidos ve veinte mil comerciales por año y un adulto alrededor de dos millones de anuncios publicitarios durante toda su vida.

En México se calcula que un niño ve en promedio dos mil horas de televisión abierta al año. El canal cinco, uno de los más populares entre la audiencia infantil, transmite treinta y nueve anuncios por hora. Estos datos sugieren que la niñez mexicana está expuesta a setenta y ocho mil comerciales cada año.

En 2012, los grandes anunciantes en México gastaron en publicidad por televisión treinta y seis mil ochocientos millones de pesos (casi dos mil ochocientos millones de dólares), según la firma de investigación eMarketer. ¿Gastarían tanto si no funcionara? La televisión nos enseña a la mayoría de nosotros en qué gastar el dinero, para vernos a la moda, sentirnos atractivos y aceptados. Cada quince minutos nos propinan unos diez comerciales.

¿Tú permitirías a un vendedor entrar a tu casa cada cuarto de hora? Evidentemente no. ¿Por qué entonces lo permitimos por televisión? Quien la ve no requiere energía ni esfuerzo mental: desconecta su mente y acepta gustoso la "programación por televisión" que nos enseña a consumir comida rápida, alimentos chatarra, remedios milagrosos para tratar enfermedades o medicamentos cuya ingestión continua, lejos de curar un padecimiento envenena al organismo, y servicios financieros que no contribuyen a incrementar el patrimonio de la gente.

Yo considero a este aparato como uno de los principales factores que contribuyen a perpetuar el sobrepeso, la apatía y los apuros económicos de millones de personas. Con base en mi experiencia afirmo que generalmente la gente que permite que el televisor la eduque está quebrada o endeudada en exceso.

Sé que es una aseveración polémica pero detente a pensarlo un momento. Los medios de comunicación —y entre ellos la televisión principalmente—, constantemente nos venden cosas que no necesitamos para ser felices. Nos muestran modelos a los que hay que aspirar y creemos erróneamente que el éxito es lo mismo que comprarse cosas. Por extensión, con el tiempo confundimos la riqueza con el despilfarro. Pero hay una cosa que nadie nos dice cuando vemos a gente que ha prosperado, cercana o no, que estrena ropa, casa, o coche, viaja constantemente, come en restaurantes caros o hace otras cosas que normalmente relacionamos con un nivel socioeconómico privilegiado: la mayoría de las veces, esta gente administra bien su dinero. Puede que gasten hoy pero llevan mucho tiempo disciplinados con el manejo de sus recursos financieros.

Como dije al principio de este capítulo, respecto a la elección de un modelo a seguir: emula las acciones y estrategias que lo caracterizaron cuando se inició y durante su crecimiento, en lugar de imitar lo que hace actualmente. ¿Para tener la abundancia económica que deseas, estás dispuesto a aprender nuevas formas de gestionar tu dinero y cambiar los viejos hábitos por otros nuevos? A continuación compartiré contigo una breve guía para administrar tu dinero, que establece una especie de presupuesto general, que entre sus rubros incluye uno para lo que llamo "cuenta de libertad financiera". ¿De dónde vendrá este dinero? Piensa en todo el dinero que te gastas en cosas innecesarias, influido en muchas ocasiones por la publicidad y en otras por un sentido competitivo insensato, ya sea consciente o inconsciente, que te lleva a adquirir los bienes que ves que tienen personas con las que convives.

Estoy convencido de que una enorme cantidad de gente sufre dificultades económicas porque carece de un sistema organizado para manejar su dinero. Por eso yo propongo que ahora mismo simplifiques tu vida.

*Simplifica ahora para tenerlo todo después.*

Lo anterior, claro está, significa un cambio y yo considero que representa la defensa estratégica más avanzada contra los apuros financieros. En esencia, este sistema de administración propone un sacrificio.

*Es mejor el dolor del sacrificio*
*que el dolor del arrepentimiento.*

La gente quebrada y con deudas inmanejables normalmente piensa a corto plazo. Reflexiona un momento: si no adaptas tu pensamiento para enfocarlo en el largo plazo, jamás serás libre. A esta filosofía se le llama gratificación diferida. Tengo claro que ejecutar este cambio no resultará fácil ni grato. Pero si lo logras, transformarás tu vida. La forma de gestionar tu dinero de la que hablo también considera un apartado para tu cuenta de educación; es decir, dinero que invertirás para tu capacitación y entrenamiento personal, que es como un individuo se desarrolla y adquiere conocimientos y habilidades para aumentar su capacidad de generar más ingresos. Recuerda la planta: si no te desarrollas, te estancas y mueres.

Antes de revelar la guía para manejar tu dinero haré una recomendación para quienes trabajan por su cuenta, cuyos impuestos no son retenidos por un patrón. Si es tu caso, aparta veinte por ciento de tus ingresos para pagar contribuciones a Hacienda; si pagas más que eso, cambia de contador.

El remanente, es decir, tus ingresos después de impuestos, adminístralos de la siguiente manera:

| 10% | Cuenta de libertad financiera |
|-----|-------------------------------|
| 10% | Educación personal |

| | |
|---|---|
| 5% | Gastos a largo plazo* |
| 5% | Imprevistos |
| 10% | Premios (bienes o servicios) de buena calidad** |
| 55% | Necesidades (todo lo que necesitas para vivir) |
| 5% | Para dar y compartir con otros |

* A partir de ahora pagarás lo que desees comprar, incluyendo tus vacaciones, con dinero ahorrado, en lugar de usar crédito.

** Este rubro es para un desembolso mensual o para acumularse y gastarse trimestralmente. La condición aquí es que los bienes o servicios que compres deben ser de buena calidad. Esto último forma parte de la estrategia para incrementar tu capacidad de hacer dinero: la clave es no sobrepasar el diez por ciento y entonces gasta en un hotel de cinco estrellas o gran turismo, come en restaurantes buenos y cómprate ropa fina o de marca. Es perfectamente válido y hasta recomendable conseguir estos bienes y servicios con descuento cuando es posible. Lo fundamental es el efecto psicológico extremadamente positivo que genera en uno mismo gastar en productos y servicios de alta calidad, al reforzar nuestro deseo de éxito. Por otro lado recuerda el refrán: lo barato sale caro.

Este método de administración del dinero ha resuelto para miles de personas su incapacidad de generar más riqueza, porque al aplicarlo mandas una señal de disciplina a tu subconsciente y al universo. Éste, en respuesta, te manda más dinero. Poco importa la cantidad que administres; lo fundamental es mantener la disciplina de un sistema administrativo para manejarlo adecuadamente y así con el tiempo estarás administrando más y más dinero.

Ejercicio 10: El índice de enseñabilidad relacionado con tu objetivo más grande

Primero repasa lo que escribiste en el ejercicio 4: Tu logro más importante (capítulo 2) y asigna un valor a las variables de Voluntad de aprender y cambiar, en relación con la formación que requieres para alcanzar lo que más deseas en la vida. Después calcula tu índice de ser enseñable. Descubrirás de este modo si tu índice te coloca en una posición ventajosa o no para lograr tu éxito. Escribe tus reflexiones.

Ejercicio 11: Visualiza tu Ciclo de Motivación

Ahora establece por escrito un plan sencillo de lo que debes aprender y modificar para ver un cambio favorable en tu existencia y ponerte rumbo a tu meta principal de vida. Una sugerencia: asegúrate de que tu plan esté conformado por etapas claras y relativamente fáciles de alcanzar, para que, conforme triunfes, aumente la confianza en ti mismo y ésta impacte tus acciones subsecuentes para alcanzar nuevos objetivos parciales, hasta formar hábitos, de modo que crezcas cada vez más, hasta alcanzar el éxito que buscas en la vida. De este modo, visualizarás de manera clara en tu mente cómo se activa el Ciclo de la Motivación en tu caso personal. Estoy consciente de que estos ejercicios toman tiempo y por eso te recomiendo dejarlos para la siguiente lectura del libro, cuando tengas un nivel de conciencia incrementado.

## IDEAS PODEROSAS DEL CAPÍTULO 4

- ¿A quién vas a escuchar? A quienes están donde tú quieres estar, tienen lo que tú quieres y estuvieron donde estás ahora. Sigue sus pasos desde sus comienzos y durante su etapa de desarrollo.
- Somos el promedio de las cinco personas con las que pasamos más tiempo. Toma a gente exitosa como modelo a seguir y, en la medida de lo posible, rodéate de ellas. Tu éxito es influido por la gente más cercana a ti, ellos afectan tu autoestima, tu forma de pensar y tus decisiones.
- Algunos caminos para aprender de gente triunfadora: libros, encuentros cara a cara, programas y eventos de aprendizaje. Lo mejor es combinar los tres.
- Un requisito para el éxito es *ser enseñable*. Es decir, qué tan abierto estás para ser educado. Existe un índice de medición llamado el "índice de ser enseñable". Este índice debe de ser alto para que una persona sea exitosa. Está formado de dos variables: la Voluntad de aprender y la Voluntad de cambiar.
- La Voluntad de aprender es la disposición de invertir dinero, tiempo y esfuerzo en aprender, incluso estar dispuesto a sacrificar o renunciar a algo con tal de aprender.
- Cuando quieres algo pero no estás dispuesto a pagar el precio, no conseguirás el premio.
- Cuando una persona desea realmente lograr un sueño y se compromete con alcanzarlo, mantener una vida balanceada se vuelve un mito, por lo menos un cierto tiempo.
- El éxito va de la mano con el compromiso, el enfoque, la disciplina, la voluntad y la perseverancia.
- De dos a cinco años invertidos con enfoque y perseverancia, son suficientes para establecer la base sólida de tu éxito y tu libertad financiera.
- Fortalecer la Voluntad de cambiar es un reto aún más grande que fortalecer la Voluntad de aprender. Tu disposición para

transformar tu manera de pensar, sentir, hacer y comprometerte, será determinante para cambiar las condiciones de tu existencia.

- Si quieres que las cosas cambien en tu vida, deberás cambiar cosas en tu vida.
- ¿Cuándo sabes algo? Lo pudiste haber visto, leído o escuchado, pero mientras no lo vivas, ¡no lo sabes! No es suficiente tener un conocimiento, hay que usarlo.
- Los hombres son como las plantas: están creciendo o están muriendo. Tu ingreso crecerá en la medida en que tú crezcas.
- Prescindir de las distracciones debe volverse un hábito, estar enfocado en "tus sueños" debe ser otro hábito. Con base en mi experiencia, afirmo que generalmente la gente que permite que el televisor la eduque, está quebrada o endeudada en exceso.
- La gente rica no necesariamente es más inteligente, solamente tienen el común denominador de ser buenos administradores de su dinero. Entre otros procedimientos, simplifican ahora para tenerlo todo después. Es mejor el dolor del sacrificio que el dolor del arrepentimiento.
- Si no adaptas tu pensamiento para enfocarlo a largo plazo, ¡jamás serás libre!
- No es tanto la cantidad que administres, lo importante es mantener la disciplina de un sistema administrativo. Así con el tiempo estarás administrando más y más dinero.

## (5)

# ¿Eres la persona correcta?

Mi abuelo materno falleció poco antes de que yo terminara la universidad. Había tenido un varón, su primogénito, a mi mamá y otras tres mujeres. Después de la muerte de su papá, mi tío —que era abogado— en su papel de hijo mayor tomó la iniciativa de vender la casa que sus padres construyeron y donde hasta hacía poco mi abuelo vivía con mi abuela. Ella, tras la muerte de mi abuelo, se mudó con una de sus hijas.

La casa, ubicada en un lugar privilegiado del encantador barrio colonial de Coyoacán, al sur de la Ciudad de México, era maravillosa y tenía unos jardines preciosos de unos seiscientos metros cuadrados de superficie. Mi impresión es que, por razones que ignoro, el primogénito de mis abuelos vendió la propiedad muy barata.

Uno de los pocos arrepentimientos que tengo en la vida es no haber contratado un crédito hipotecario para comprarla cuando mi tío la vendió. Yo podía aspirar a un préstamo con un banco pero no tuve el valor de proponerlo. Si lo hubiera hecho, quizá actualmente yo estaría ocupando ese inmueble. Pero en ese momento yo no era la persona correcta en el lugar y momento adecuados.

Hoy soy alguien muy diferente al joven de entonces: me siento siempre confortable ante el caos, la ambigüedad y lo desconocido. Además, gracias a mi experiencia en general y mi conocimiento actual sobre los bienes raíces en particular, me siento mucho más seguro de mí mismo para tomar decisiones. Desafortunadamente el tiempo no perdona y las oportunidades que uno deja pasar no regresan. Por medio de esta historia personal trato de transmitirte que para lograr tus objetivos no basta con estar en el lugar y tiempo correctos. Para alcanzar el éxito debes ser la persona correcta en el lugar y tiempo justos. Cuando un individuo no cumple esta condición, pierde oportunidades, desde un buen negocio hasta enamorar a una pareja. Así, desaprovecha las ocasiones que se le presentan en la vida para alcanzar una mejor situación; a veces porque es incapaz de verlas y otras porque se llena de miedo. Una persona así no ha desarrollado las facultades necesarias que lo convertirán en el ser humano adecuado.

Hay tres tipos de educación en los que yo considero que toda persona en busca del éxito debería capacitarse toda su vida. Estos se muestran en el primer Triángulo del éxito, a continuación.

1ER. TRIÁNGULO DEL ÉXITO

*Adquirir el conocimiento adecuado*

Esta clase de preparación se refiere al entendimiento apropiado para llevar a la práctica cualquier cosa que te interese hacer. Hablaré en términos hipotéticos de un emprendedor porque su caso me permitirá explicar el conocimiento pertinente para desarrollar un negocio, que es la manera en que este individuo generará su abundancia económica. En términos muy simples, para emprender con éxito, esta persona debe aprender y dominar el saber respecto al producto o servicio que desea vender y entregar, así como aprender, diseñar y dominar la estructura que da soporte a esos objetivos. Esta clase de aptitud está integrada fundamentalmente por conocimientos de orden fundamentalmente técnico. Su base es teórica, pero sólo se dominan con el tiempo por medio de la práctica.

Para explicar mejor a qué me refiero, es necesario introducir el segundo triángulo del éxito, integrado por los siguientes aspectos:

2DO. TRIÁNGULO DEL ÉXITO

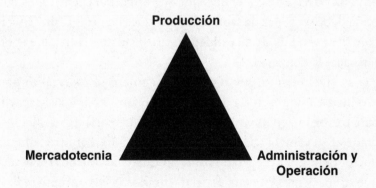

103

Para tener tiempo libre y que la empresa trabaje para él y no viceversa, de ser posible las veinticuatro horas del día, durante toda la semana, nuestro emprendedor debe sistematizar los elementos del segundo triángulo del éxito. Sistematizar se define como un proceso repetitivo que genera una utilidad. Así, los engranes del negocio harán su trabajo sin requerir forzosamente su presencia, sólo su supervisión. Todas las actividades del segundo Triángulo del éxito son susceptibles de delegarse, controlarse y supervisarse. Y sólo así nuestro emprendedor podrá gozar de libertad. La sistematización de tareas conlleva organizar los procesos que requiere un negocio para su funcionamiento, de tal manera que cualquiera —luego de recibir la instrucción y el entrenamiento adecuados—, pueda llevarlos a cabo.

La producción, la mercadotecnia y, por último, la administración y las operaciones, son los tres fundamentos de un negocio. Sin embargo, también pueden aplicarse a otros ámbitos de la vida. Comentaré brevemente cada uno:

## PRODUCCIÓN

Es la capacidad de manufacturar un bien o proveer un servicio. Sin esta actividad no hay un valor que ofrecer al cliente. Una empresa debe ser capaz de fabricar un producto u otorgar un servicio con altos estándares de calidad y en cantidades suficientes para satisfacer la demanda.

Del mismo modo que un ingeniero se especializa para producir en una factoría de café soluble, un fotógrafo se capacita para tomar imágenes de calidad, aprende la teoría de su oficio y a manejar su cámara y el equipo de iluminación. Por otro lado, un doctor debe estar preparado para "producir" los buenos resultados que sus pacientes esperan; es decir, curarlos. Si el concepto se lleva a un ámbito más personal que profesional, un cónyuge debería educarse para "producir" una relación enriquecedora entre él y su pareja, así como "producir" hijos felices, sanos y seguros de sí mismos.

## MERCADOTECNIA

En los negocios es presentar productos o servicios a clientes potenciales de tal manera que estén deseosos de comprar. Dominar esta habilidad permite a alguien persuadir a su mercado meta de los valores específicos de su oferta. Si se usa acertadamente, es una herramienta poderosísima para que nuestros clientes deseen aquello que estamos vendiendo.

La empresa que paga al ingeniero por supervisar la producción de café soluble, necesita también a un especialista que defina a qué segmento de mercado venderá su producto, determinar el precio de venta, diseñar campañas para publicitarlo y determinar en qué canales estará disponible. Un fotógrafo deberá decidir cuánto cobrar por una sesión de fotografía, diseñar un portafolio con su trabajo para mostrar a clientes —como el director de arte de una editorial o departamentos de comunicación de empresas— y abrir un blog para promocionarse. El doctor, por su parte, definirá cuánto cuestan sus consultas o si anuncia sus servicios en algún lado.

En el entorno personal, se necesita promocionarse y definir en qué mercado hacerlo, según su propósito; una familia hará lo propio para integrarse en su círculo social, al participar en actividades comunitarias. Howard Ruff, famoso financiero y además millonario, acostumbraba decir: "Si yo tuviera que enseñar algo a mis hijos, les enseñaría la habilidad de la mercadotecnia, ya que con ella podrían vender cualquier cosa."

## ADMINISTRACIÓN Y OPERACIONES

Tiene que ver con la gestión adecuada de recursos e involucra numerosas actividades, como el manejo del dinero y los recursos humanos; así como el control de los ingresos y los gastos. También incluye identificar nuevas actividades para generar más ingresos, definir una estrategia general para la organización, definir amenazas, planificar cursos de acción, supervisar los procesos de una empresa, tratar con los distintos grupos de interés relacionados con el negocio y liderar su crecimiento.

En la empresa de cafés solubles, las labores mencionadas recaerían en un director general y su equipo de colaboradores. En el caso de trabajadores independientes, un fotógrafo o un doctor, la administración puede resultar considerablemente más simple, pero igual implica resolver temas como el trato con proveedores, empleados —asistentes, por ejemplo— y clientes. Así como establecer un presupuesto, hacer la cobranza, controlar gastos y mantener una contabilidad ordenada.

En el ámbito familiar, estas tareas tienen que ver con aspectos que van desde planificar la compra de víveres para la semana y hacer los pagos de los servicios a tiempo, hasta preparar un presupuesto mensual o anual del gasto familiar, tomar decisiones financieras, como adquirir un seguro, elegir un fondo de pensión o un préstamo bancario, y ahorrar para imprevistos.

Los tres vértices del segundo Triángulo del éxito conforman una unidad. Si falta uno, no obtendrás el resultado y fracasarás o tu proyecto se frenará. No obstante, la proporción en la atención, energía y asignación de recursos que destinamos a cada punta debe ser distinta y adecuada. Hay personas que no comprenden por qué no consiguen los resultados esperados aunque usen los tres elementos del segundo Triángulo del éxito. La razón es que destinan más tiempo, esfuerzo y recursos del que deberían a alguno de los tres elementos del triángulo. En mi trayectoria como capacitador descubrí que la mayoría de la gente asigna erróneamente a los aspectos citados la siguiente proporción:

| | |
|---|---|
| 25% | Producción |
| 10% | Mercadotecnia |
| 65% | Administración y operaciones |

La proporción correcta de atención, energía y recursos asignados para que una empresa prospere —y cuando digo empresa me refiero a cualquier iniciativa, sin importar su índole—, es la siguiente:

| 25% | Producción |
|-----|------------|
| 65% | Mercadotecnia |
| 10% | Administración y operaciones |

¿Por qué? Es muy simple: si el dinero ingresa gracias a las ventas, que son parte de la mercadotecnia, entonces, ¿dónde debes invertir la mayor parte de tu energía? En los negocios, si haces énfasis en la mercadotecnia (sin descuidar las proporciones sugeridas para los otros dos puntos del triángulo) tu éxito económico se incrementará.

---

Ejercicio 12: Tus hábitos respecto al segundo Triángulo del éxito
Contesta las siguientes preguntas relacionadas con los tres elementos del segundo Triángulo del éxito:

1. Define el porcentaje de los tres elementos del segundo triángulo que inviertes en tu trabajo o actividad de vida:
    a) Producción _____
    b) Mercadotecnia _____
    c) Administración y Operaciones _____

En el caso de que las proporciones sean inadecuadas, escribe qué harás para corregirlo.

2. ¿Tienes un presupuesto de gastos individual, familiar o —si aplica— en tu negocio?
    Sí☐   No☐
En caso de que no, ¿qué harás al respecto?

**3.** ¿Llevas un control de gastos individual, familiar o —si aplica— en tu negocio?

Sí ☐   No ☐

En caso de que no, ¿qué harás al respecto?

**4.** Si aplica, ¿tienes la costumbre de tomar dinero de tu negocio cada vez que lo necesitas en vez de asignarte un sueldo?

Sí ☐   No ☐

En caso de que sí, ¿qué harás al respecto?

**5.** ¿Controlas y aprovechas bien tus tarjetas de crédito y eres sujeto de crédito?

Sí ☐   No ☐

En caso de que no, ¿qué harás al respecto?

**6.** Si aplica, ¿tienes mecanismos para que tu negocio sea operado por otras personas, además de ti, de modo que éste funcione sin que tú estés presente?

Sí ☐   No ☐

En caso de que no, ¿qué harás al respecto?

**7.** ¿Sabes crear en otros el deseo o el impulso de adquirir tus productos y servicios?

Sí ☐   No ☐

En caso de que no, ¿qué harás al respecto?

**8.** Si deseas hacer mucho dinero, ¿con lo que haces tienes la capacidad de crear productos o servicios de alta calidad y en gran cantidad?

Sí ☐   No ☐

En caso de que no, ¿qué harás al respecto?

## Ser la persona adecuada

El segundo tipo de educación que conforma el primer Triángulo del éxito te permitirá ser la persona adecuada y desarrollar habilidades y facultades para lograr lo que quieres, como: inteligencia emocional, social, comercial y financiera; desarrollo espiritual; pericia para la comunicación, aptitudes para la negociación. En este rubro, en general entra cualquier destreza relacionada con el desarrollo humano, desde cómo llevar una vida saludable hasta los buenos modales y la capacidad de superar obstáculos.

Aquí también se incluyen las facultades mentales de las que habla Napoleon Hill, a quien cité en el capítulo 1, cuando define a una persona educada para tener éxito como: "aquella que ha desarrollado las facultades de su mente para lograr cualquier cosa que desee o cualquier cosa que se proponga o su equivalente, sin violar los derechos de los demás". El sistema educativo tradicional no nos enseña cómo reconocer y desarrollar estas capacidades. De hecho, desdeña muchas de ellas. De modo que en la búsqueda del éxito es esencial que las acrecientes, pues te darán poder.

Afirmo lo anterior sin la menor duda. ¿Alguna vez te has preguntado por qué un elefante domesticado de unas seis toneladas de peso amarrado a una estaca que podría destrozar en cualquier momento, no escapa?

El poder del que hablo es un poder para romper las cadenas en nuestra mente que —como a un elefante domesticado— nos detienen para llegar hasta donde anhelamos.

Pero, ¿cuáles son las facultades mentales a las que se refiere Hill? Las enumeraré a continuación, antes de comentar cada una:

1. Imaginación
2. Memoria
3. Percepción
4. Intuición
5. Razón
6. Voluntad

## Desata tu imaginación

Imaginar es la capacidad de la mente de reproducir imágenes de las cosas reales o ideales, así como la facilidad para idear o proyectar cosas nuevas. Para mí equivale a soñar despierto. Muchas personas me dicen: "Yo no tengo imaginación." Falso. Estoy convencido de que todos tenemos el mismo potencial para imaginar pero unos lo desarrollan más que otros. Y es muy importante hacerlo porque es el motor de la creatividad, además de la manera en que ideamos soluciones nuevas a problemas viejos.

Cuando somos niños, somos intrínsecamente imaginativos, pero las escuelas inhiben ese rasgo de nuestra forma de ser. Picasso una vez dijo que todos los niños nacen artistas. La solución al problema es permanecer artista en la medida que uno crece. No nos volvemos más creativos sino menos, conforme crecemos. "O más bien, según nos educan."

Un día en que, siendo niño, acompañé a mi papá a comprar varias obras de arte como inversión a casa del famoso pintor mexicano Chucho Reyes, quien pintaba gallos, caballos y figuras religiosas sobre papel de china con pinturas vegetales que él mismo fabricaba, le comenté que yo tomaba clases de pintura, a lo que me respondió: "Ya no tomes clases y permite a tu imaginación crear."

Los maestros hacen su parte en la tarea de suprimir nuestra creatividad y luego el entretenimiento audiovisual termina con la creatividad. Los libros estimulan la imaginación pero los dejamos arrumbados para ver la televisión, estar frente a la computadora o mirar el celular. Según datos del estudio citado en el capítulo anterior que publicó Kleiner Perkins Caufield & Byers, el mexicano dedica semanalmente en promedio diecinueve horas a su teléfono inteligente, casi once a la televisión y doce a una PC o laptop. Por otro lado, de acuerdo con información del INEGI, agencia mexicana de estadísticas, en 2014 el mexicano promedio apenas consagra tres horas a la lectura de libros, revistas y periódicos. Un hogar gasta al año unos veinte dólares en libros. En el país la población lee anualmente, en promedio, poco menos de tres libros.

¿Qué pasaría en tu cabeza si leyeras un libro de aventuras que describe a un experimentado cazador de barba descuidada, vestido con su chaleco color caqui y llevando su rifle al hombro, internándose en una paraje espeso del inhóspito Amazonas, para montar un campamento antes del anochecer y cómo le escurren las gotas de sudor en la frente por el calor sofocante, mientras se ahuyenta del rostro los mosquitos que lo atacan sin clemencia y escupe algún bicho que se le metió en la boca mientras hablaba para dar alguna indicación sobre los riesgos del camino? ¿Se creó una imagen mientras leíste este párrafo?

Además de la lectura, otra forma de estimular la imaginación es por medio de ejercicios de visualización (te propondré uno al término de este apartado). Una vez, un triunfador y gran soñador me reveló que el secreto de su éxito era dedicar treinta minutos diarios a imaginar y visualizar su éxito. Esa media hora al día cambió completamente su vida. Personalmente he aplicado la visualización en los sitios más inverosímiles. A veces, cuando estaba en el consultorio de mi dentista, me imaginaba en la India, que quise visitar desde que hice mi primer viaje por Europa a los veinte años, influido por el yoga practicado desde los quince. Recostado en el sillón del consultorio, con la boca abierta, cerraba los ojos y me iba a recorrer el templo jainista de Ranakpur. Me perdía embelesado en su laberinto formado por mil cuatrocientas cuarenta y cuatro exquisitas columnas blancas de mármol, adornadas con figuras femeninas, elefantes, flores e infinidad de grecas talladas; imaginaba la suave luz reflejada en sus pisos marmóreos y disfrutaba una arrobadora sensación de paz, junto con la sensación de frío en los pies descalzos a medida que iba y venía libremente por el lugar. ¡Qué maravillosa experiencia cuando muchos años después lo visité y reexperimenté lo imaginado!

Para visualizar algo es necesario formar en tu mente la imagen de un concepto abstracto e imaginarlo con rasgos palpables sin estar a la vista. No subestimes el poder que esta acción aparentemente tan simple puede conllevar. Recuerda lo que afirmó Napoleon Hill en *Piense y hágase rico*: "Cualquier cosa que la mente del hombre pueda concebir y creer, puede lograrse." La imaginación te da el poder de crear tu futuro exitoso y creer en él, mientras trabajas en el presente por alcanzarlo.

---

Ejercicio 13: Visualiza cómo te hace sentir tu éxito
Ubícate en un lugar tranquilo donde nadie te interrumpa. Relájate. Ahora imagina por un momento que alcanzas el objetivo, meta o sueño que tanto has anhelado y describe con el mayor detalle posible todo lo que este triunfo te hace sentir y cómo sería tu vida a partir de ese momento. Redacta tu visualización. Por favor, no pases al siguiente párrafo hasta haberlo hecho. Muchas personas me han dicho que después de hacer este ejercicio se sintieron poderosas. Reflexiona sobre cómo te sientes tú tras hacerlo.

---

## Pon en forma tu memoria

Si tuviste acceso a información y conocimiento útil, que estudiaste pero luego no recuerdas en el momento en que lo necesitas, ¿de qué te sirvió? La mala memoria es una debilidad, por eso es importante fortalecer nuestra facultad de recordar, ejercitándola como hacemos con nuestros músculos.

En este caso el entrenamiento equivale a repetir la enseñanza varias veces o compartirla con otras personas. Por eso, en la búsqueda del éxito, una de las maneras que yo sugiero para "poner en forma" nuestra memoria es leer y escuchar reiteradamente los libros y las grabaciones que consumimos para nuestro desarrollo personal. Repasar una y otra vez esas fuentes de información te permitirá integrar los conocimientos que transmiten, de manera que los sepas sin pensarlos —como sabes tu nombre—. En ese momento ya no tienes que recurrir al "archivo muerto" de la memoria porque ese saber se halla en un cajón especial muy a la mano para que, cuando lo necesites, surja de inmediato. Cuando eso sucede, el conocimiento se traduce en hábitos. La clave para "digerir" el conocimiento es comprenderlo. Y para asegurarte de que eso ha sucedido, la mejor manera es explicárselo o enseñárselo a alguien más. En la medida en que lo verbalizas y se suscita una interacción cuando tu interlocutor te pregunta sobre el tema que expones, te darás cuenta de que hay huecos en tu asimilación del conocimiento, si eres incapaz de darle a entender la información con claridad.

Piensa en lo siguiente: no es lo que comes, sino lo que asimilas, lo que te hace fuerte; no es lo que ganas, sino lo que ahorras, lo que te hace rico, y no es lo que sabes, sino lo que recuerdas lo que te hace sabio.

## Purifica tu percepción

Cuando hablo de percepción, me refiero a sensaciones interiores que resultan de una impresión material o un suceso externo a nosotros. Esta captación particular del mundo la realizamos a través de nuestros sentidos, filtrada por nuestras creencias, que ejercen una influencia tremenda en la forma de percibir el mundo y aquello de lo que somos capaces.

De este modo se conforma nuestro punto de vista; es decir, la manera en que consideramos un asunto o problema. Debido a los filtros mentales de cada quien, dos personas que atestiguan el mismo hecho pueden interpretarlo de diferente manera. Yo considero esencial trabajar en nuestras percepciones para limpiarlas, así como entender que estos filtros mentales o creencias determinan la interpretación que nuestros semejantes dan a lo que les sucede y, en términos prácticos, cómo interpretan lo que nosotros hacemos. Esta circunstancia es el origen de infinidad de desacuerdos. Cuando limpiamos nuestra percepción de este modo se facilita mantener las relaciones humanas en óptimas condiciones.

Hay un proverbio célebre entre los publicistas: "Percepción es realidad." Esta sentencia aplica en la vida práctica. Si comprendes que la percepción de cada persona con la que interactúas constituye su realidad —aunque dicha apreciación del mundo difiera de la tuya— podrás ponerte en el lugar de otros y será más fácil relacionarse con ellos. Tus creencias funcionan como filtros, de manera similar a los lentes de una persona, los cuales definen su visión. Para esta persona, su visión es normal y nunca repara en la distorsión —ligera o no— que los lentes generan. En línea con esa analogía, los seres humanos consideramos que nuestra percepción del mundo corresponde a la normalidad y cuando la contraponemos con la de alguien más y resulta distinta, decidimos que esa persona está equivocada y no entendemos por qué es incapaz de ver algo que a nosotros nos resulta obvio y lógico. Con frecuencia olvidamos que todos (incluido tú mismo) tenemos esos filtros que distorsionan nuestra realidad. En consecuencia, como dijo Anaïs Nin: "No vemos el mundo como es, lo vemos como somos."

El diccionario de la Real Academia Española define una creencia como un "completo crédito que se presta a un hecho o noticia como seguros o ciertos". En otras palabras, se trata de una certeza o, más específicamente, de la opinión de que se tiene una certeza. Estas opiniones de certeza no son otra cosa que pensamientos que consideramos verdaderos; es decir, juicios y criterios muy sólidos que en algún punto de nuestra vida echaron raíces en nuestra mente. Reflexiona un momento: de lo anterior se deriva que tu perspectiva sobre el futuro está basada en el pasado. Generalmente estas creencias fueron instaladas en nosotros por alguien más y entonces, las aceptamos a la fuerza o las aceptamos en algún momento de nuestra vida, tal vez porque se nos presentó por medio de una persona con autoridad hacia nosotros.

Las creencias no son falsas ni verdaderas, correctas ni equivocadas. Son simplemente opiniones sólidas. Su carácter positivo o negativo radica en el hecho de que algunas pueden empoderarnos y favorecernos, mientras otras hacen lo contrario al restarnos poder y desfavorecernos. Unas te benefician, en tanto otras juegan en tu contra.

A partir de tus creencias sacaste conclusiones sobre todos los aspectos de tu vida. Estos patrones de creencias —o si lo prefieres, moldes de pensamiento— se han implantado en tu subconsciente desde que eras niño. Son tus creencias, imaginémoslas como archivos de información, que dan forma a tus conclusiones (cualesquiera que sean) respecto al éxito, la abundancia y el dinero.

Pero esas conclusiones son simples ilusiones, no necesariamente existen. Y definitivamente no te definen: no representan quién eres tú porque provienen de una influencia externa; en otras palabras, son fruto de creencias que alguien te transmitió en algún momento. Si te has sentido incapaz de alcanzar lo que te propones, si sientes que no puedes conseguir éxito, abundancia y dinero, no me parece exagerado afirmar que te lavaron el cerebro con creencias perjudiciales o que si antes te funcionaron, tal vez hoy son obsoletas.

Las creencias son tan poderosas que si crees que puedes lograr un objetivo, superarás cualquier obstáculo que se te presente. En cambio, si no crees alcanzarlo, no podrás aunque tu vida dependa de ello.

*Si crees que puedes, podrás. Si no lo crees,*
*sencillamente no podrás.*

¿Te parece que exagero? Recuerda el caso del elefante domesticado. En la década de 1960 hubo un incendio en un circo que tenía catorce elefantes. El fuego impidió que el personal los desatara. Los pobres animales estaban atados con una frágil cuerda pero ni siquiera intentaron liberarse, de modo que murieron asfixiados.

Henry Ford dijo:

*Así crea que puede o crea que no puede,*
*está en lo correcto*

Por lo tanto es fundamental que cualquiera realmente comprometido con alcanzar su éxito, remueva las creencias que le restan poder y bloquean una percepción adecuada. Si crees que puedes ganar diez veces más dinero de lo que ganas, desde luego que puedes. ¿Qué creencias te limitan a ti? Para identificar tus creencias reflexiona sobre tu vida. Tú actúas o dejas de actuar con base en tus creencias predominantes. Éstas son el origen de tu manera de pensar y tus sentimientos respecto a los sucesos de tu vida; también influyen en las acciones que tomas y estas últimas generan resultados son positivos o negativos. Una forma de encontrar estas creencias desfavorecedoras es ir de la consecuencia al origen: piensa en un resultado en tu vida que no te guste, reflexiona sobre las acciones que hiciste o dejaste de hacer que llevaron a ese resultado, luego piensa en los sentimientos y la manera de pensar que motivaron esas acciones para finalmente llegar a la creencia.

Ahora considera lo siguiente: si se te presentara la oportunidad maravillosa y clara de lograr tu mayor meta en la vida, en términos personales o de negocios, ¿tus creencias harían que la desaproveches o te permitirían identificarla y sacarle provecho?

Tus creencias dan forma y de cierta manera controlan todo lo que haces y los resultados que obtienes. Libérate de las que no te sirvan y no vivas atrapado a ellas o seguirás teniendo los mismos resultados en tu vida.

## Agudiza tu intuición

El instinto nos facilita el entendimiento claro e inmediato de una idea, persona o situación, sin necesidad de razonamiento lógico. Basado en mi experiencia, considero en muchos casos que las mujeres tienen más desarrollada esta habilidad que los hombres.

Mi esposa tiene un acertado sexto sentido. En muchas ocasiones, cuando conocíamos a alguien o estábamos considerando hacer un negocio, ella me decía: "Oscar, hay algo que no me gusta de esta persona." Lo mismo ocurría con otros asuntos de índole personal o profesional. "No me late", eran sus palabras. Yo entonces le pedía que racionalmente me explicará sus opiniones pero como éstas tenían un origen intuitivo; no podía hacerlo. A mí, por lo tanto, me resultaba muy complicado hacerle caso. Sin embargo, con el tiempo descubrí que la mayoría de las veces tenía la razón. Confieso que eso me enojaba. Ya no. Hoy sé que lo que ella captaba era la vibración de la persona o de la situación y que su intuición es muy acertada.

Esta habilidad te permite presentir, por ejemplo, si alguien miente. Esto es posible gracias a lo que yo llamo la Ley de la vibración, según la cual es posible "leer" o percibir las vibraciones de personas, objetos o situaciones. Cada individuo despide una vibración, lo mismo que un libro, una casa, un paseo o un posible negocio. Yo le llamo vibración pero tú puedes llamarlo como quieras. Algunos lo llaman simplemente vibra. Otros la consideran energía. Me refiero a una corriente de simpatía o antipatía que emanan las personas y que sentimos de manera repentina ante seres animados, inanimados o circunstancias de la vida. Son sensaciones que surgen a partir de algo que percibimos, aunque resulta difícil verbalizarlo. No es fácil de explicar pero sabemos que está ahí.

En el caso de las personas, esta vibración se percibe en la comunicación no verbal de nuestro interlocutor: el lenguaje corporal revela rasgos de carácter o intenciones que verbalmente intenta ocultar. Ten en cuenta que esto funciona en dos sentidos y, por lo tanto, cuando quieres convencer a alguien o venderle algo, si tu lenguaje corporal, que puede incluir tu vestimenta, se desliga de tus palabras, quizá transmites una vibra que genera antipatía o desconfianza.

Te aconsejo no menospreciar ni invalidar esta facultad mental. Observa con detenimiento todos los aspectos comunicativos de las personas con las que interactúas. No desatiendas su lenguaje no verbal. Y si lo que percibes en tu interior te dice que hay algo que no cuadra con la vibración que despide una persona, objeto o circunstancia, ponle atención. Tu sexto sentido trata de decirte algo.

**Usa la razón**

En las carabelas, esas antiguas embarcaciones ligeras, largas y angostas, con tres mástiles y una sola cubierta, que surcaban los mares en los siglos XV y XVI, el vigía subía por una escalera de cuerda para apostarse en la canastilla en lo alto del mástil central y tomaba un catalejo para observar la lejanía y prevenir de cualquier peligro gritando: "¡Cuidado, cuidado! ¡Arrecifes a babor! ¡Cuidado!, ¡Barco a estribor!" Sólo daba buenas noticias cuando había tierra a la vista. Su trabajo normalmente era anunciar el peligro y, en consecuencia, provocaba miedo. Luego, ante la información que el vigía proporcionaba, quien tomaba las decisiones era el capitán y luego indicaba el procedimiento a seguir por su tripulación. Y ésta obedecía, pues confiaba en que su capitán tenía la facultad de discernir entre riesgos reales y falsas alarmas y apreciar las consecuencias de sus acciones. Para los marinos, el capitán tenía la facultad de razonar y después tomar resoluciones. Todos tenemos dicha capacidad de pensar, que nos permite organizar ideas y conceptos para llegar a una conclusión y tomar decisiones.

Pero ¿qué pasaría si el capitán entrara en pánico ante el peligro, ordenara arriar las velas, se cruzara de brazos y se encerrara en su camarote?

Todos los seres humanos tenemos el equivalente a un vigía en nuestro interior, una "voz" que escuchamos siempre que algo nuevo se nos presenta. Esta voz está diseñada para que sobrevivamos, no para impulsar nuestro éxito. Su función es preservarnos y protegernos; o sea, que el barco no se hunda. Para eso comienza sus advertencias con dos palabras que siempre plantean una posibilidad: "¿Y si?" Se trata de las dos palabras inconscientemente favoritas de alguien que pudiera fracasar porque le permiten justificar su inmovilidad. La voz pregunta: "¿Y si me caigo? ¿Y si fracaso? ¿Y si no funciona? ¿Y si no es verdad?"

Y entonces la persona que pudiera fracasar, la escucha. Quiero subrayar que no es lo mismo un fracasado que casi siempre hace caso a esa "vocecita" que alguien que fracasó. El fracasado nunca intenta nada. Aquél que fracasó, en primer lugar ya intentó alcanzar sus sueños por lo menos una vez y, si es capaz de recuperarse de un descalabro, habrá ganado enseñanzas y la siguiente ocasión que lo intente estará más cerca del éxito al que aspira.

Si le damos la razón a la voz, el miedo del que nos advierte crece en nosotros y nos vence. Quedamos paralizados y evitamos toda acción, como el capitán en pánico recluido en una cabina de su barco. La irracionalidad gana. ¿Y sabes una cosa? Si ese capitán se desentiende por mucho tiempo, aunque las velas estén abajo y el viento no la impulse, eventualmente la embarcación encallará en algún lugar, arrastrada por la corriente marina. El hecho de no adoptar una decisión respecto a dónde vas y no emprender el camino en esa dirección, no quiere decir que no te dirijas a ningún lado. Por el contrario, llegarás a un sitio y muy probablemente no donde te gustaría. Del mismo modo que todos tenemos un vigía, todos tenemos un capitán, y el tuyo, armado de la razón y el discernimiento, debe tomar las decisiones. La "vocecita" nos hace volvernos razonables, y no prosperamos, lo cual es diferente a ser racional, o usar la razón, el uso de la razón nos hace vivir mejor a todos y prosperar.

Existe una técnica muy simple para tratar con esa voz interior que busca protegernos del peligro y aislarla sin entrar en conflicto con ella. Esta voz hace su parte pero si permitimos que mande sobre nosotros, el éxito será imposible, pues siempre estará provocando miedo y el miedo paraliza. T. Harv Eker, uno de mis mentores, afirma: "La gente rica actúa a pesar del miedo. La gente pobre deja que el miedo la detenga." Ambos sienten miedo pero uno es rico y el otro es pobre.

La técnica es la siguiente: cuando sientas miedo en silencio confronta la voz y dile: "Gracias por compartir" (o "cancelado, cancelado", como cuando presionas una tecla para anular una orden en una computadora), una y otra vez para hacerle saber que fue escuchada. De este modo la voz se siente tomada en cuenta, pues le llegó un acuse de recibo. Entonces tomarás una acción racional que, por cierto, generalmente requiere que salgas de tu zona de comodidad. Así superarás el miedo. Es la acción en sí misma la que supera el temor. "La acción cura el miedo", declaró el célebre escritor motivacional David J. Schwartz. Y cuando el miedo se supera, sobrevienen la felicidad, el éxito y el dinero.

Tengo una reflexión final respecto a este tema. El extremo opuesto de la razón es la irracionalidad. Ésta también motiva acciones pero de orden destructivo, impulsadas a veces por intolerancia o ambición desmedida. Todos los días tenemos muestras de ello en los noticiarios y periódicos. Considero que la violencia en todas sus formas es la más lamentable materialización de la irracionalidad y la peor de sus encarnaciones es la guerra, en cualquiera de sus formas.

Tengo la enorme fortuna de no haber experimentado la guerra en carne propia. Lo más cerca que estuve de ella fue cuando visité Israel y manejé entre tanques de guerra estacionados a la orilla de la carretera. En ese país dormí en un búnker, con el que están equipados los sótanos de las casas para que sus habitantes se refugien, debido a la amenaza perenne de bombardeos. Y escuché expresiones de odio, manifestadas por israelíes en contra de los árabes.

Pero considero que no hace falta vivir una guerra para ser consciente de las atrocidades que representa para el ser humano. A continuación, cito dos pasajes de la novela *Sin novedad en el frente*, del popular escritor alemán Erich Maria Remarque, donde describe la brutalidad cotidiana durante la Primera Guerra Mundial:

> Reconocemos las caras contraídas, los cascos planos: son franceses. Llegan a los restos de las defensas de alambre y tienen ya bajas visibles. La ametralladora cerca de nosotros ha segado toda una fila; después tenemos muchas dificultades para disparar y pueden acercarse más. Veo a uno que cae en la trampa de un pozo. El rostro hacia arriba. El cuerpo se hunde como un saco, pero las manos quedan colgadas del alambre como si quisiera orar. Después el cuerpo se le separa totalmente y cae dentro, sólo quedan las manos seccionadas por las balas, colgadas del alambre con colgajos de carne de los brazos.

Unas cuantas páginas antes, el protagonista escribió lo siguiente acerca de la incertidumbre:

> El azar planea sobre nuestras cabezas. Cuando llega un obús puedo agacharme, pero nada más; el lugar en que caerá no puedo conocerlo ni cambiarlo.
>
> Este azar es el que nos hace indiferentes. Hace unos meses estaba en un refugio subterráneo, jugando a las cartas; al cabo de un rato me levanté y fui a visitar a unos amigos, en otro refugio. Cuando volví, del primero no quedaba nada; lo había destrozado un obús de gran calibre. Regresé de nuevo al segundo refugio y llegué tan sólo a tiempo de ayudar a desenterrarlo. En el intervalo lo había hundido una explosión.

Tanto puedo ser herido por azar como por azar conservar la vida. En un refugio hecho a prueba de bombas puedo quedar destrozado y, en campo raso, puedo permanecer diez horas seguidas bajo el fuego graneado sin que me produzca ni un simple arañazo. No es sino por simple azar que el soldado conserva la vida.

La vida no está exenta de fracasos, frustraciones, sufrimiento y, en ocasiones, tragedias. Pero yo procuro poner ese dolor en perspectiva al compararlo con lo que considero la peor experiencia que puede vivir un ser humano. Me cuestiono si me siento constantemente amenazado en la vida diaria de perder una parte del cuerpo o la vida como en una guerra. Y la respuesta es no.

Esta comparación tan extrema me ayuda a relativizar mis problemas. Así no me hundo ni colapso ante la pérdida. Me pregunto: "¿Cómo se comparan mis carencias y privaciones frente a las de quienes sufren una guerra?" Y la respuesta es: no se comparan. Este enfoque contribuye a que deje ir más pronto el dolor y la tristeza, en lugar de vivir atado a ellos.

**Enfoca tu voluntad**
Definiré la voluntad como la determinación de hacer lo que nos proponemos. Esta determinación requiere esfuerzo y coraje, al igual que concentración y disciplina.

Esto último es muy importante porque la capacidad de concentrarse permite apartar las distracciones y disciplina nuestro enfoque. Piensa en la concentración como un lente de aumento. ¿Alguna vez encendiste una hoja de papel con una lupa cuando eras niño? Para que el papel prendiera fuego con el calor de los rayos del sol, debías enfocarlos mediante una lente. El papel se encendía si tenías paciencia para mantener el haz de luz formado a través de la lupa en un mismo punto durante el tiempo necesario.

Los seres humanos pensamos con imágenes y, al hacerlo, las preservamos con la voluntad. La imagen dirige a una persona y si la conserva a voluntad, logrará lo que se propone. ¿Estás usando tu voluntad y tu concentración para lograr tu objetivo? ¿Consideras que eres perseverante? Te diré un secreto que quizá ignorabas: no es un requisito ser muy inteligente para lograr lo que uno se propone. Hay muchas personas que, sin ser brillantes, logran sus objetivos porque son perseverantes. No se dan por vencidas. ¿Y cómo lo hacen? Mantienen fijas en su mente las imágenes de sus objetivos, alejando las distracciones, gracias a su fuerza de voluntad.

En 2014 estuve en Bután y para llegar a un templo budista en una montaña, era necesario atravesar un puente tejido con alambres que colgaba a unos quince metros sobre el río Paro. El puente estaba hecho de tal manera que su piso permitía ver el fondo de la cañada que cruzaba a través de incontables orificios. Sentí entonces un curioso fenómeno: cuando intentaba enfocarme en los pasos que daría para cruzar el puente, al dirigir al piso mi mirada, ésta atravesaba el puente y se enfocaba en las aguas que corrían abajo. Como resultado, tuve una sensación de pérdida de equilibrio y me sentí incapaz de cruzarlo. Hasta que ejercí mi voluntad de redirigir la mirada y cambié mi enfoque —ya no en el río sino en el tejido de alambre con el que el puente estaba construido—, recuperé el equilibrio y pude cruzarlo sin más incidentes hasta llegar, en el otro extremo, a la puerta del templo.

Ahora te pregunto:

- ¿Estás usando tu imaginación para visualizar las imágenes de tu éxito?
- ¿Estás usando tu voluntad y concentración para mantenerlas en tu mente?
- ¿Estás usando tu memoria para aprender y aplicar el conocimiento que te ayudará a hacer realidad tu imagen del éxito?

- ¿Estás permitiéndote percibir lo que está frente a ti bajo el filtro de creencias que te empoderan?
- ¿Estás racionalizando tus decisiones o estás usando la razón y actuando en consecuencia?
- ¿Estás poniendo atención a la vibración emanada a tu alrededor?

Las facultades descritas son fundamentales para desarrollar la habilidad de lograr cualquier cosa que te propongas porque te permitirán ser la persona adecuada para aprovechar las oportunidades cuando se presenten. Si consideras que las puedes mejorar o que existe un área de oportunidad para ti en alguna de ellas, trabaja para desarrollarlas.

---

Ejercicio 14: Explica las facultades de la mente
Usa tus palabras para describir y ejemplificar cuáles son las seis facultades de la mente que debes desarrollar para ser la persona adecuada en el lugar adecuado en el momento adecuado.

1. Imaginación
2. Memoria
3. Percepción
4. Intuición
5. Razón
6. Voluntad

---

## Tener el vehículo adecuado
La tercera clase de educación en el primer Triángulo del éxito consiste en establecer un medio apropiado para lograr tu objetivo en el tiempo oportuno.

Si actualmente una persona quisiera tener éxito en el negocio de la venta de música y se planteara abrir de manera independiente una tienda de discos compactos, no llegaría muy lejos. Hoy la mayoría de los consumidores compran canciones y álbumes a través de Internet, en sitios virtuales como iTunes, y la escuchan en dispositivos móviles. Hay adolescentes que nunca han comprado un disco compacto y de hecho existe un segmento que ya no encuentra sentido en adquirir música y prefiere pagar una mensualidad para accesar a un vasto catálogo musical, a través de servicios como Spotify, que es una especie de Netflix para música.

Una tienda que vende discos compactos y paga la renta de un local no tendrá éxito porque se trata de un modelo casi obsoleto. Por lo tanto, como medio para alcanzar el éxito es inadecuado.

Así que es fundamental desarrollar a conciencia un vehículo adecuado para lograr lo que nos proponemos en el tiempo adecuado. Es decir, debemos considerar la ley de la oferta y la demanda, así como las características de nuestro segmento. Antes de emprender o crear tu propio negocio, si ése es tu camino —y yo lo recomiendo porque es una manera de lograr ingresos ilimitados—, debes recolectar indicios de que existe demanda para tu modelo de negocios (la forma en que entregas valor al cliente) o definir una estrategia para crearla. Si lo anterior no es viable, considera cambiar de producto o servicio.

También debes analizar si no hay demasiada competencia en la industria que pretendes atender. Si la hay, cambia de producto o servicio, especialízate en algo que te distinga de tus competidores, o bien establece una propuesta única de venta que te haga diferente.

Debes considerar cuatro elementos importantes para establecer un vehículo adecuado para tu éxito y ganar mucho dinero:

- **Demanda.** ¿Cuánta gente desea tu producto o servicio?
- **Oferta.** ¿Cuánta gente ya vende tu producto o servicio actualmente?
- **Calidad.** ¿Tu producto o servicio tiene propiedades superiores?
- **Cantidad.** ¿Tienes capacidad suficiente para atender a tu mercado?

Ten siempre en mente lo siguiente:

*La razón por la que la gente gana dinero en este mundo
es porque resuelve problemas a los demás.*

Si deseas volverte rico, encuentra un negocio que le resuelva un problema a mucha gente o, mejor aún, muchos problemas a mucha gente. Si te enfocas en poca gente, probablemente no consigas la riqueza que buscas.

Y mientras más valor perciba tu mercado a la solución que das a su problema, es mejor. Por ejemplo: la solución que ofrece un cajero de supermercado a un cliente, tiene un valor percibido bajo: el problema que resuelve es relativamente sencillo, ya que el entrenamiento que requiere para esta actividad cuesta poco y requiere poco tiempo, y si un cajero falta, alguien más lo remplaza. Por otro lado, un neurocirujano, capaz de operar un tumor en el cerebro, se educó durante años y es difícil sustituirlo. Además, alguien que requiere sus servicios, percibirá un alto valor en la solución que ofrece. La calidad es importante porque determinará que tu clientela vuelva a comprarte y te recomiende. Ésta debe ser medida y supervisada porque puede sufrir alteraciones en cuanto la demanda por tu producto aumente y debas producir mayores volúmenes o atender más clientes.

Una vez establecido que hay demanda para tu oferta y estándares mínimos de calidad, el aspecto clave que puede limitar tu riqueza será hasta qué punto satisfaces a tu mercado con la cantidad suficiente. Ésa es precisamente una de las limitantes de los profesionistas independientes.

Imagina a una masajista y digamos que cobra 25 dólares por sesión y es muy trabajadora así que labora toda la semana. En un día puede dar masajes a cuatro personas, cuando mucho, porque debe trasladarse a diversos domicilios y termina la jornada agotada. Esta profesional del bienestar quisiera ganar mucho dinero pero sólo puede aspirar, con su modelo de negocio, a ganar treinta y seis mil quinientos dólares al año. No se escucha mal pero, claro, su vida estaría completamente desequilibrada y habría alcanzado su tope de ingresos. Si quisiera ganar diez veces más tendría que atender diez veces más pacientes. Supongamos que esos catorce mil seiscientos pacientes la llamaran en el transcurso de un año. ¿Tendría lo que quiere? No, porque no se daría abasto. Y lo mismo le sucede a cualquier profesional independiente que entrega personalmente el servicio.

Otra historia sería si la masajista abriera un SPA, contratara y capacitara a cuatro masajistas, sistematizara sus procesos y se dedicara a administrar ese nuevo modelo de negocio. Sus ingresos se multiplicarían y además tendría tiempo libre. Y lo haría aún más si inaugurara una segunda sucursal. Pero el crecimiento sería exponencial si cediera en franquicia su modelo. Es el equivalente a la producción en serie o venta masiva de productos, cuya capacidad de producción es mucho mayor. Alguien con alta capacidad de fabricación propia o para conseguir un maquilador no tendrá límites en ese sentido y podrá atender a un gran mercado y ganar mucho dinero.

---

Ejercicio 15: Cómo obtener tu libertad financiera

Describe porqué un negocio propio y sistematizado (que no requiere físicamente de ti) es la única manera de tener libertad económica, a diferencia de tener un empleo o un autoempleo, que nunca generarán ingresos ilimitados. Recuerda mi definición de libertad en el capítulo 3: "La habilidad de tener el estilo de vida que decidas sin necesidad de trabajar ni depender de alguien más para tenerla."

Ejercicio 16: ¿Cómo está tu Triángulo del éxito?

Ahora ya conoces los dos triángulos del éxito y sabes cómo ser la persona correcta, tener el conocimiento correcto y el vehículo correcto. Para finalizar este capítulo voy a pedirte que evalúes distintos aspectos de tu vida bajo la óptica del primer Triángulo del éxito.

Responde las siguientes preguntas:

1. En lo que respecta a ti mismo, ¿cómo está tu primer Triángulo del éxito?
2. En lo que respecta a tu familia, ¿cómo está tu primer Triángulo del éxito?
3. Con respecto a tu empleo, autoempleo, negocio o inversiones, ¿cómo está tu primer Triángulo del éxito?
4. Ahora piensa en un empresario que admires o del que hayas oído hablar (si no conoces ninguno echa un vistazo a alguna revista de negocios o en la sección del mismo tema de algún diario) y reflexiona si los resultados que obtiene son congruentes con el primer Triángulo del éxito.

## IDEAS PODEROSAS DEL CAPÍTULO 5

- No es suficiente estar en el tiempo correcto en el lugar correcto, es necesario ser la persona correcta.
- Hay tres tipos de educación que una persona debe tener y mejorar, no importa a qué se dedique: tener el conocimiento adecuado; tener el vehículo adecuado en el tiempo adecuado, y ser la persona adecuada.
- El conocimiento adecuado tiene tres vértices: dominio de la actividad de producción, dominio de la mercadotecnia y dominio de la administración y operaciones.
- Si el dinero ingresa por las ventas, es en la mercadotecnia donde más tiempo debe dedicarse una persona y más eficiente debe de ser.
- En un negocio, mientras una persona no sistematice los tres vértices del triángulo delegándolos en alguien más, jamás será libre.
- Ser la persona adecuada implica desarrollar habilidades y facultades para lograr cualquier cosa sin afectar los derechos de los demás.
- En un mundo que también incluye la abundancia de dinero, es fundamental desarrollar inteligencia emocional, social, comercial y financiera, así como desarrollarse espiritualmente, adquirir pericia para comunicarse y hacer negociaciones con otros.
- Es necesario desarrollar el poder para romper las cadenas en nuestra mente, que como a un elefante domesticado, nos detienen para llegar hasta donde anhelamos.
- La Imaginación te da el poder de crear tu futuro exitoso y creer en él, mientras trabajas en el presente para alcanzarlo.
- No es lo que comes, sino lo que digieres y asimilas lo que te hace fuerte, no es lo que ganas, sino lo que ahorras lo que te hace rico y no es lo que sabes, sino lo que comprendes, memorizas y recuerdas lo que te hace sabio.

- Las creencias son muy poderosas, si crees que puedes, podrás, si no lo crees, sencillamente no podrás, en ambos casos estás en lo correcto.
- Nuestra percepción está alterada por nuestras creencias, que ejercen una influencia tremenda en la forma de percibir el mundo y aquello de lo que somos capaces, algunas creencias te empoderan, otras te desempoderan, cambia las que te desempoderan y ya no te sirven o seguirás teniendo los mismos resultados en tu vida, que a veces no son los que deseas.
- La habilidad de intuir te permite presentir, por ejemplo, si alguien miente. No menosprecies ni invalides esta facultad mental, observa la comunicación de las personas tanto la verbal como la no verbal y si algo no cuadra con la vibración que despide una persona, objeto o circunstancia, ponle atención.
- Cuando aparezca la "vocecita" y te genere miedo, dile: "Gracias por compartir", luego actúa. La acción cura el miedo, y atrás del miedo está el dinero. Así que usa la razón, la intuición, la percepción, sal de tu zona de comodidad y encontrarás lo que buscas.
- La voluntad es la determinación, es la capacidad de enfocar sin distracciones, con disciplina y coraje, las imágenes de lo que queremos lograr.
- Es fundamental también, para tener éxito, un vehículo adecuado en el tiempo correcto que tenga demanda, poca oferta, buena calidad y que puedas entregar o surtir cantidades grandes de tu producto o servicio si quieres hacer mucho dinero.
- La razón por la que la gente gana dinero en este mundo es porque resuelve problemas a los demás. Si deseas volverte rico, encuentra un negocio que le resuelva un problema a mucha gente o, mejor aún, muchos problemas a mucha gente.

# 6

# Cómo comerse un elefante

Probablemente jamás tendrás que hacerlo en toda tu vida pero imagina por un momento que tu gran objetivo es un elefante y, al alcanzarlo, debes comértelo. ¿Cómo te comerías un elefante? De un bocado a la vez. Al respecto, una vez encontré una publicación en un blog que me pareció muy divertida: el autor tomaba la metáfora literalmente y calculaba cuánto tardaría en comerse un paquidermo. Estos enormes animales pesan en promedio cinco toneladas y según los cálculos del bloguero, un ser humano ingiere cada año mil trescientos kilogramos de comida. De modo que una persona tardaría aproximadamente cuatro años en comerse uno completo (si sólo comiera elefante).

Todos tenemos elefantes en nuestra vida: proyectos cuya magnitud nos parece monumental y eso hace que aunque deseamos realizarlos, el agobio y otras sensaciones nos abrumen en el camino o, incluso, antes de empezar.

Por eso debemos encarar a nuestro elefante poco a poco. Es un proceso muy similar a la manera en que un niño estudia matemáticas en la escuela: primero aprende los números; luego a sumar y restar; después a multiplicar y dividir; posteriormente raíces cuadradas y a elevar un número a una potencia. Así, en la medida que crece y avanza en los conocimientos será capaz de comprender geometría, trigonometría, cálculo integral y diferencial, y resolver problemas aún más complejos. El punto aquí es que partió de una base: los números.

Así que es hora de aprender "los números" para alcanzar tu éxito. ¿Por qué debes aprender las bases? Hay conocimientos que uno sabe que no sabe, pero también hay conocimientos que uno *no* sabe que no sabe. Es decir, ignoras que ignoras.

Lo que compartiré a continuación es la base del éxito y todos los individuos que se proponen crear un hábito en su vida, lo saben. Se trata de un conocimiento que yo ignoré durante mucho tiempo hasta que a principios de los años noventa, Zig Ziglar, uno de mis mentores, me lo reveló en Estados Unidos. Y es tan sencillo como fundamental. El éxito se logra con:

*90 por ciento o más de actitud y*
*10 por ciento o menos de aptitud*

Piensa en este principio como en una balanza, donde el mayor peso recae en por qué deseas lograr tu meta y el menor en cómo lograrla. Para el porqué entran en juego el pensamiento, los sueños, los deseos, la intención, la energía y la motivación. El cómo requiere acciones, estrategias, planeación y ejecución.

Hay distintas palabras propias de cada lado de la balanza:

Tomemos el caso de un grupo de ventas hipotético. El principio de esta balanza de la capacitación propone que si su líder se enfocara exclusivamente en la actitud de los miembros del equipo, o sea, en entusiasmarlos y animarlos, lo que obtendrá son tontos motivados: será una fuerza de ventas enardecida pero sin idea de cómo hacer su trabajo.

Si por el contrario su líder sólo se dedica a enseñar las aptitudes necesarias de un vendedor —es decir, la técnica propia de su oficio—, sus pupilos tendrán claro cómo vender pero carecerán de la motivación adecuada y difícilmente serán buenos representantes. En cambio, si el capacitador aborda tanto la actitud como la aptitud de su equipo de ventas, logrará resultados sobresalientes.

De modo similar, debes capacitarte en los dos aspectos de la balanza en las proporciones sugeridas: diez por ciento o menos en aptitud y noventa por ciento o más en el lado de la actitud.

Piensa un momento en qué te enseñaron en la escuela. En mi experiencia, los centros educativos tradicionales educan desde el nivel básico hasta el último en una proporción inversa: diez por ciento o menos en actitud y noventa por ciento o más en aptitud. El resultado son profesionales —abogados, médicos, ingenieros y contadores—, con excelentes aptitudes, versados en cómo hacer algo pero con una actitud muy pobre respecto al éxito. Y estas personas viven la mayor parte de su existencia esclavizados a su trabajo, despacho o consultorio, o como empleados, y muchas veces pasando apuros económicos y al borde de la quiebra. Es decir, muy lejos de la libertad financiera y de la felicidad que ésta permite.

Pretender equilibrar la balanza para que la mitad sea actitud y otro tanto aptitud tampoco funciona. Es un mito que difunden algunas personas mezquinas de la élite para desviar al resto de la proporción correcta y librarse de más competencia. Son como el chef egoísta que te da la fórmula para hacer sus magníficas galletas pero omite ingredientes o te da proporciones equivocadas. No basta con saber que hay una balanza de la capacitación para lograr tus propósitos. Si desconoces las proporciones adecuadas, de todas maneras estarás alejado del éxito al que aspiras.

Cada vez que logro en mi vida lo que me propongo, primero decido lo que quiero y me comprometo a lograrlo. Tomo una decisión absoluta, sin la menor vacilación de que lo lograré. No siempre fue así. Hubo una época de mi vida en que me dejaba bombardear por dudas: "¿Y *cómo* lo vas a conseguir si no tienes dinero? ¿*Cómo* los vas a lograr si no tienes experiencia o conocimientos sobre el tema? ¿*Cómo* si te falta esto o aquello?" Así pensé en diversos momentos durante muchos años de mi vida. Me programaron para pensar así durante diecisiete años de educación. Y te confesaré una cosa: no era feliz. Tampoco era capaz de lograr todo lo que quería y batallaba, como la mayoría, porque el dinero no me alcanzaba.

Cuando supe de la balanza de la actitud y la aptitud, comencé a capacitarme para invertir los porcentajes. Y lo logré. En ese momento sucedió algo extraordinario: todo lo que me había propuesto comenzó a suceder, como por arte de magia.

Voy a reiterar el principio de correspondencia entre actitud y aptitud, debido a su trascendencia: la actitud, o sea, la parte que tiene que ver con tu pensamiento y por qué haces lo que haces, representa entre noventa y noventa y nueve por ciento de lo que requieres para lograr el éxito. Y es, por tanto, colosalmente más importante que la aptitud; esto es el cómo o bien, las acciones y la técnica para lograrlo.

Cuando alcanzas lo que te has propuesto y eres más feliz —no importa si se trata de ser millonario, simplemente libre en términos financieros o viajar mochila al hombro por el mundo con poco dinero—, tus pensamientos respecto a ese objetivo desempeñaron un papel primordial. Ellos te impulsaron a entrar en acción y aprender o buscar el camino para llegar a donde querías. Y sólo entonces se manifestó o se llevó a cabo el cómo y las acciones asociadas con él: fueron fundamentales para cerrar el ciclo pero el resorte que disparó el mecanismo y siguió dándole el empuje necesario es el lado izquierdo de la balanza; es decir, los pensamientos con la actitud adecuada.

## PRINCIPIO DE ABUNDANCIA
Tu éxito depende en 90% de tus pensamientos o tu actitud
y sólo 10% de tu aptitud, ejecución o de saber cómo hacerlo.

### Es hora de despreciar los hechos
El mismo mentor que me reveló la balanza entre actitud y aptitud compartió conmigo una afirmación que, la primera vez que la escuché, me sonó de lo más estúpida:

*Cuando tu actitud es la correcta,*
*los datos y los hechos no cuentan.*

Mi primera reacción fue considerar esta afirmación una tontería. "Simplemente es imposible que lo que uno piensa y la actitud adoptada cambien los datos y los hechos", pensé. Pero entonces me cuestioné: "¿Cuánto puedo aprender y qué tanto puedo aceptar el cambio? ¿Cuál es mi índice de ser enseñable?"

¿Cuál fue tu reacción al leer esa afirmación? Te la explicaré como me la esclarecieron a mí: lo que tú consideras que son datos y hechos, en realidad no lo son; se trata de opiniones de la gente. Por eso la mayoría de las veces no cuentan ni los debes tomar en consideración.

Consideremos el caso de Aristóteles Onassis, uno de los hombres más ricos del siglo xx y célebre por sus amoríos con la soprano griega María Callas y con Jackie Kennedy, con quien se casó. Onassis emigró a Buenos Aires, Argentina, cuando su pueblo natal —en la actual Turquía— fue invadido por los turcos. Era pobre y consiguió un trabajo como ingeniero telefonista, que aprovechó para escuchar a escondidas conversaciones entre hombres de negocios y luego cerrar sus propios tratos. Se reinventó para ser de día un hombre de negocios, mientras de noche se ponía el overol de trabajo para reparar líneas telefónicas. Hizo su primer millón de dólares en la industria tabacalera, después de lanzar su propia marca de cigarrillos.

Pero ese negocio era poco para sus aspiraciones. Con el tiempo se dio cuenta de que los magnates que transportaban en barco el tabaco hacían más dinero que él. Esta revelación le llegó durante el punto más severo de la gran depresión, cuando todo mundo se estaba saliendo del negocio marítimo. Onassis se las arregló para comprar seis barcos por menos de la mitad de lo que normalmente costaban. Cuando estalló la Segunda Guerra Mundial, el empresario arrendó sus buques de carga a los aliados y su fortuna creció monumentalmente.

¿Cuáles eran los datos en esta historia? La economía estaba en franco declive y el negocio de transporte marítimo se consideraba una mala inversión. ¿Cuáles eran los hechos? Todo el mundo quería salirse de esa industria y por eso los barcos se vendían con grandes descuentos. Pero Onassis vio la oportunidad donde nadie más pudo, porque ignoró esos datos y esos hechos. Su actitud era distinta a la del resto. Y fue la que disparó las acciones que otros pudieron hacer pero nadie más llevo a cabo. Su pensamiento podría haber sido: "Estoy seguro de que puedo hacer mucho dinero con barcos de transportación, no importa cómo." De hecho, la manera en que haría mucho dinero con esa inversión no fue clara sino hasta años después.

Como en el caso del magnate del transporte, tu proceso mental es fundamental para alcanzar tus objetivos. Despreocuparse del cómo —la forma en que va por la vida alguien con el noventa por ciento de actitud— es de vital importancia para tu éxito. El fracaso se sufre por inquietarse respecto al cómo porque nos decimos: "No sé cómo va a suceder; no tengo el dinero ni el conocimiento." Y entonces, en lugar de comenzar a comernos el elefante bocado por bocado, nos paralizamos.

Cuando alguien toma una decisión respecto a un objetivo y en lugar de frenarse por desconocer la forma de hacerlo realidad, intensifica su deseo de lograrlo, entonces convierte su deseo en algo ardiente, algo que quema. Es lo que yo llamo "una maravillosa obsesión". Entonces abre sus percepciones y su intuición; usa la razón para ahuyentar sus miedos y persevera con disciplina y fuerza de voluntad; e investiga, busca, se comunica, se asesora, se apoya en otros y negocia; mantiene su pensamiento enfocado en su objetivo; memoriza los acontecimientos, las enseñanzas y la información que consigue; y los analiza y evalúa, de modo que los elementos que dicen cómo, empiezan a surgir, uno a uno. Cuando esto sucede, tu percepción se activa en la búsqueda de los elementos mencionados y sabes identificarlos cuando se manifiestan porque eres la persona correcta. Y decides tomarlos y aprovecharlos, porque —de nuevo— eres la persona correcta, y llevas a cabo las acciones pertinentes y así avanzas hasta lograr tu objetivo.

Toda la gente exitosa que conozco actúa así: se lanzan en pos del éxito sin saber exactamente cómo lo conseguirán, pero sí con un deseo intenso y apasionado por alcanzarlo.

Este proceso es muy similar a conducir un auto en una carretera durante la noche. Los faros del vehículo alumbran cierta distancia y después no se ve lo que hay más allá, pero no te detienes, sigues manejando y conforme avanzas tienes la impresión de que "aparece" más carretera. Este efecto se repite hasta llegar a tu destino. El éxito funciona precisamente así, como la recomendación que te hice en el capítulo 1 para leer este libro: "Avanza hasta donde puedas ver. Cuando llegues ahí, verás más."

La clave está en el lado izquierdo de la balanza, en tus pensamientos, tus emociones, tu vibración, intención y motivación; en por qué quieres alcanzar la cúspide de tu montaña; en todo aquello que fortalece tu actitud. Una vez que decidiste lograr algo, ya tienes noventa por ciento o más del camino superado. Mantenerse ahí es cuestión de voluntad. No dudes en alcanzar tus objetivos. Concéntrate en trabajar para cristalizar esa meta y sentirte bien contigo mismo por haber comenzado el camino y en la medida en que avanzas, más camino se revela ante ti.

Si observas con cuidado, Napoleon Hill declaró que "cualquier cosa que la mente del hombre pueda concebir y creer, puede lograrse", pero no menciona cómo lograrlo. Y el motivo es muy simple: la clave para lograr un objetivo no está en la manera de alcanzarlo, sino en la razón de ser de tu meta, tu claridad, entusiasmo y convicción.

Por eso, para tener éxito, consagra noventa por ciento o más de tu esfuerzo a tener la actitud correcta, lo que incluye optimismo, voluntad y firmeza. Mantente estudiando para que tu motivación, inspiración y creencia en tu capacidad de lograr tu propósito no disminuyan; además de relacionarte con gente que te apoye. Y dedica diez por ciento o menos a cómo alcanzar tu propósito. Mientras no lo sepas y lo aprendes, contrata a alguien que lo sepa, pero jamás condiciones tus deseos al no saber cómo hacerlo.

Antes de cerrar este capítulo quiero compartir una anécdota personal para ejemplificar la manera en que el cómo sigue al porqué. Cuando yo comprendí la importancia de fortalecer mi balanza de la actitud y la aptitud, me comprometí de manera absoluta con ese objetivo. Ésa era mi circunstancia cuando la vida me puso ante una oportunidad que se antojaba irresistible: estaba en Estados Unidos y uno de mis mentores me ofreció en paquete una docena de cursos sobre desarrollo personal y negocios. Por separado, el precio de cada uno era en promedio de cuatro mil dólares, de modo que tomarlos todos representaba cuarenta y ocho mil dólares. La oferta consistía en pagarlos todos a mitad de precio.

Pero si adquiría el paquete mencionado para dos personas, el precio bajaba de noventa y seis mil dólares a treinta y cuatro mil y si éramos cuatro asistentes, el valor promocional era de cuarenta y ocho mil dólares, pues el costo de cada curso se reducía a mil dólares.

Este tipo de capacitación tiene el poder de cambiar la vida de las personas. Así que decidí pagarlo para mis tres hijos y yo. En ese momento no tenía el dinero, así que usé una tarjeta de crédito. Tomé la decisión sin tener la mínima idea de cómo los pagaría. Pero mi razonamiento fue que si me capacitaba en técnicas de negocios, mercadotecnia y habilidades de desarrollo personal, saldaría de mi deuda. Decidí avanzar hasta donde podía ver.

Entonces vi más. Cuando regresé a México, me enteré de que mi banco me permitía diferir hasta en doce mensualidades sin intereses cualquier gasto que hubiera hecho en el extranjero. Eso facilitó el pago de mi compromiso. Estos cursos aumentaron mi habilidad para hacer dinero y en corto plazo liquidé la deuda. Las habilidades adquiridas hicieron un cambio importante en mi vida y ahora puedo decir que tomé la mejor decisión, pues tenía un porqué muy claro en ese momento; el cómo surgió después.

Ejercicio 17: ¿Qué tanto cuentan los hechos y los datos para ti? Realiza las siguientes actividades:

**1.** Contesta el examen.

Con el objetivo de practicar y reforzar tu comprensión, coloca junto a cada una de las palabras que conforman la siguiente lista la letra "I" si crees que corresponde al lado izquierdo de la balanza de la capacitación, el de los pensamientos y actitudes, y la letra "D" si crees que pertenece al lado derecho, relacionado con el cómo, la acción, los procesos y los actos. No leas más adelante. Haz el examen sin mirar las respuestas.

1. Habilidades ____
2. Procesos mentales ____
3. Actividades ____
4. Lo que haces ____
5. Deseos ____
6. Energía ____
7. Pensamiento ____
8. Acciones ____
9. Planes ____
10. Metas ____
11. Sueños ____
12. Emociones ____
13. Meta final ____
14. Dormir ____
15. Pasos de acción ____
16. Vibración ____
17. Actividad ____
18. Actitud ____
19. Pensar ____
20. Estrategias ____

21. Pensamientos ___
22. Motivación ___
23. Emociones ___
24. Técnica ___
25. Movimientos físicos ___
26. Intención ___
27. Objetivos ___
28. Entusiasmo ___
29. Cómo te sientes ___

**2.** Reflexiona por escrito sobre el concepto: "Cuando tu actitud es la correcta, los datos y los hechos no cuentan".

Respuestas:

| 1. I | 2. I | 3. D | 4. D | 5. I |
|------|------|------|------|------|
| 6. I | 7. I | 8. D | 9. D | 10. D |
| 11. I | 12. I | 13. D | 14. X | 15. D |
| 16. I | 17. D | 18. I | 19. I | 20. D |
| 21. I | 22. I | 23. I | 24. D | 25. D |
| 26. I | 27. D | 28. I | 29. I | |

**Nota:** si en la primera parte del ejercicio entraste en conflicto cuando leíste la palabra "dormir" porque no podías determinar si pertenecía a derecha o izquierda, tu duda estaba justificada, pues no pertenece a ninguno de los dos lados de la balanza. Dicha palabra no aplica en esta actividad; la incluí intencionalmente para reforzar el conocimiento.

**IDEAS PODEROSAS DEL CAPÍTULO 6**

- El éxito depende en 90%, o más, de tus pensamientos o tu actitud, y 10%, o menos, de tu aptitud, ejecución o de saber cómo hacerlo. Una proporción diferente en la balanza de capacitación, garantiza el fracaso o la falta de resultados óptimos.
- Cuando tu actitud es la correcta, los datos y los hechos no cuentan. Despreocúpate del cómo. Primero decide hacerlo y luego averigua cómo.
- Toda la gente exitosa que conozco actúa así: se lanza en pos del éxito sin saber exactamente cómo lo conseguirán, pero sí con un deseo intenso, una maravillosa obsesión y apasionados por alcanzarlo.
- Recuerda: avanza hasta donde puedas ver. Cuando llegues ahí, verás más.
- Napoleón Hill declaró: "Cualquier cosa que la mente del hombre pueda concebir y creer, puede lograrse", pero no menciona cómo lograrlo. Y el motivo es muy simple: la clave para lograr un objetivo no está en la manera de alcanzarlo, sino en la razón de ser de tu meta, tu claridad, entusiasmo y convicción.

# Los cuatro cimientos de tu éxito

Confucio dijo: "Si sabes cómo hacer algo y no lo haces, entonces estás peor que antes." Aprender es un ciclo de descubrimiento que nunca termina, porque vamos revelando posibilidades dentro de nosotros que transformamos en realidades y, luego, hallamos nuevas posibilidades.

Cada aprendizaje consta de cuatro fases —o si se quiere, los pasos que la mente sigue cuando procesa información—, que debemos recorrer para llegar al más alto nivel cognitivo.

Estas etapas son:

1. **Incompetencia inconsciente:** cuando no sabes que no sabes.
2. **Incompetencia consciente:** cuando sabes que no sabes.
3. **Competencia consciente:** cuando sabes que sabes.
4. **Competencia inconsciente:** cuando sabes automáticamente.

En más de una ocasión he mencionado la idea de que ignoras que ignoras. Se trata de la primera etapa cognitiva. Lo cierto es que hay "carretadas" de conocimientos que no sabemos que existen pero de las que quizá nunca tendremos necesidad. Sin embargo, es triste ir por la vida sin saber que uno no sabe los conocimientos que pueden convertirnos en mejores personas, darnos la capacidad de alcanzar objetivos y disfrutar de una vida llena de riqueza material y abundancia en todos los sentidos. Para mí eso equivale a vivir en la obscuridad y es una pena cuando ver la luz es tan sencillo.

Es posible que antes de leer este libro no concibieras el éxito como resultado de varias técnicas, habilidades y conocimientos que se pueden aprender ni que existen cursos al respecto para desarrollarte con miras a lograr tus objetivos. No sabías que no sabías. En la medida en que avanzaste en la lectura de los primeros capítulos, ascendiste a la segunda etapa del conocimiento: supiste que no sabías y sólo entonces fuiste capaz de hacer algo y corregir esa deficiencia, para alcanzar la tercera fase del entendimiento: cuando sabes que sabes. En la última etapa, has absorbido el conocimiento en grado sumo, de manera que el saber se vuelve impensado y prácticamente instantáneo. En ese momento puedes considerar que has desarrollado una habilidad.

La cuarta etapa del saber se identifica como conocimiento en piloto automático y debe ser el objetivo de todas las personas deseosas de tener éxito, porque sólo entonces la información aprendida se vuelve parte de ellas y las habilidades que esta instrucción nos enseña ocurren naturalmente. En este punto se genera una competencia inconsciente, que se activa por reflejo. Se vuelve tan natural como decir tu nombre cuando te lo preguntan. No tienes que pensar "¿cómo me llamo?" antes de responder. Simplemente lo sabes y lo dices.

Veamos un par de ejemplos. Primero tomemos el caso de un niño que no sabe atarse las cintas de los zapatos. Hay un punto en que no sabe esa habilidad. Después alguien le hace ver que lo ignora y entonces sabe que no sabe: reconoce su incompetencia inconsciente. Posteriormente aprende cómo anudar las agujetas.

Veamos los pasos:

1. Apretar el zapato tirando de las cintas izquierda y derecha.

2. Cruzar las agujetas una debajo de otra, de tal modo que el lado derecho quede en el izquierdo y viceversa.
3. Formar dos lazos —uno después de otro— con cada agujeta, uniendo cada punta con la parte de la cinta más cercana al nudo hecho previamente.
4. Poner el lazo formado con la nueva derecha sobre el nudo izquierdo.
5. Cruzarlos, de modo que la derecha quede del lado izquierdo y viceversa.
6. Finalmente, tirar para apretar el nudo.

¿Piensas en esto cada vez que te amarras los zapatos? ¡Por supuesto que no! Porque es una acción natural, mecánica, automática. Cuando un niño la aprende se concentra para llevar a cabo el proceso paso por paso, desarrollando así una competencia consciente. Con el tiempo, a fuerza de repetición, se vuelve posible encender el piloto automático porque la capacidad se ha vuelto inconsciente.

Ahora imagina a una persona que adquirió recientemente una casa. Antes de comprar la vivienda ignoraba que no sabía la ruta pero en realidad eso no importaba. Antes de ir a verla por primera vez sabía que no sabía la ruta para llegar ahí. Cuando hace el trayecto por primera vez —quizá ayudado por un GPS o siguiendo las instrucciones que le dio el corredor de bienes raíces para llegar— aprende el camino. Durante los primeros días después de mudarse, seguirá "los pasos" en su mente para llegar a su hogar con atención y de manera consciente, contando calles y buscando referencias: toma la avenida X y recorre tres kilómetros hasta el punto A; luego dobla a la derecha y toma la calle Y hasta llegar al parque; lo rodea hasta llegar al punto B, ahí dobla a la izquierda para tomar la calle Z; recorre doscientos metros y llega. Con el tiempo, en la medida que repita el recorrido, el feliz propietario memorizará la ruta y llegará a casa de manera automática.

Hay un aspecto fundamental que deseo destacar entre las competencias consciente e inconsciente. En los dos ejemplos anteriores, tanto el niño como el propietario de la casa llegaban al mismo resultado cuando sabían que sabían y cuando sabían automáticamente. La diferencia es que durante la tercera etapa cognitiva, aún no dominan el conocimiento. Por lo tanto dudan y tardan más en alcanzar el objetivo. El niño titubea, quizá tiene que preguntar qué paso sigue después de cruzar por primera vez las cintas de los zapatos. El conductor que va a su casa podría equivocar la ruta o frenar para asegurarse de seguir el camino adecuado. En cambio, en la cuarta fase del conocimiento, el dominio es tal que el resultado se alcanza rápidamente y es posible incluso llegar a tal grado de maestría que la habilidad se lleva a cabo en tiempos muy inferiores a la media.

Por eso es tan importante aprender la información sobre el éxito, expuesta a lo largo de este libro, y llevarla al nivel de piloto automático. Supón que tu éxito es un edificio. Para que éste sea sólido necesita los siguientes cuatro cimientos fuertes y profundos, que debes saber y comprender:

- A quién vas a escuchar.
- El índice de ser enseñable (incluidas sus dos variables).
- La balanza de la capacitación, en la que noventa por ciento o más, se enfoca en el *porqué* y diez por ciento o menos, en el *cómo*.
- Las cuatro fases del ciclo del aprendizaje, expuestas al inicio de este capítulo.

Ahora bien, debo prevenirte de que haber leído sobre ellos en estas páginas es sólo el primer paso en tu aprendizaje. Quizá sientas que ya los aprendiste pero volverte un experto en estos fundamentos es un proceso continuo que dura toda la vida. Considera que tu conocimiento sobre los cuatro cimientos del éxito debe ser tan natural como decir tu nombre o atarte las agujetas. Por eso es necesario que los pongas en práctica en todo momento.

Imagina tener la capacidad de llevar a cabo las habilidades que te harán exitoso con la misma soltura con que atas tus agujetas de los zapatos o llegas a tu casa. Que bastara con dar la instrucción "quiero tener éxito" para que suceda, del mismo modo en que das la instrucción "deseo atarme las agujetas" o "quiero llegar a casa". Es posible. Y cuando los conocimientos que incluyo en este libro se asimilan al nivel de una competencia inconsciente, entonces comienza la magia porque cuando tus conocimientos se saben al nivel de piloto automático, muchas veces sin siquiera hacer algo, las cosas funcionan. Es decir, todos los deseos que tenemos se manifiestan a una velocidad récord, de tal manera que suceden como si fueran resultado de un encantamiento y sin esfuerzo. Más adelante, en el capítulo 12, explicaré con más detalle esta afirmación y te mostraré cómo funciona y la manera de intensificar este efecto.

## PRINCIPIO DE ABUNDANCIA
No saber que no sabes es el peor escenario posible;
una vez que sabes, se traza un camino para seguir.

### Así subirás al cuarto nivel
Para lograr el conocimiento en piloto automático existen tres vías:

1. Hacer las cosas una y otra vez.
2. Observar a otros hacer lo que tú deseas hacer.
3. Enseñar a otros.

A continuación las detallo:

### Repite, repite y repite
Haz las cosas una y otra vez cuando tu conocimiento se halle en el tercer nivel cognitivo, del mismo modo que el niño aprende a atarse los zapatos o una persona la ruta para llegar, digamos, del trabajo a su casa. Lleva a cabo insistentemente cualquier habilidad

que aprendas orientada a alcanzar tus metas hasta que se convierta en una competencia inconsciente. En la medida en que la repitas, irás memorizándola y con el tiempo simplemente lo sabrás. El conocimiento será entonces tuyo. Se habrá integrado a ti.

Este procedimiento genera una habilidad que le atribuyo a la parte espiritual de todo ser humano y que otros le dan una explicación con una base científica: el aprendizaje —trátese de un movimiento, una destreza o un conocimiento— consiste en la creación de conexiones interneuronales (entre neuronas), llamadas sinapsis. Para que sea posible la creación de esas conexiones se requieren cambios dentro de las células nerviosas. Estas modificaciones que se inician en el cuerpo de la neurona se observan microscópicamente en sus prolongaciones, que van creciendo hasta que entran en contacto con otra neurona para permitir un intercambio de información o sinapsis. Todo aprendizaje implica estos cambios celulares.

Para evitar que los circuitos neuronales creados por el aprendizaje degeneren y olvidemos lo que aprendimos, requieren de la repetición en un tiempo específico para evitar que declinen las conexiones mencionadas entre neuronas y, por el contrario, se refuercen. Por eso la repetición genera hábitos o pautas.

Una pauta equivale a conexiones interneuronales que se refuerzan por repetir una acción. Por ejemplo, aprender a amarrarse las agujetas, andar en bicicleta, anudarse una corbata, conducir o usar un teléfono inteligente. Si estas acciones no se repiten, las pautas no son generadas y el aprendizaje se pierde. Pero una vez generadas, no desaparecen. Por eso es difícil quitarte un hábito.

En la etapa de competencia consciente, sabes lo que haces pero debes seguir los pasos, como el niño que se ata las agujetas. En esa fase el proceso es pensado y se lleva a cabo en la corteza (la parte consciente) del cerebro, sobre todo en el lóbulo frontal y prefrontal. Pero cuando se vuelve un hábito, ya no es necesario que, para llevar a cabo la acción, el conocimiento pase a la corteza. Ya no es necesario que lo pienses. La pauta está bien establecida y lo único que debes hacer es decidir y dar la instrucción: "Yo quiero amarrarme las agujetas" para que tus manos lo hagan.

En capítulos anteriores hablé de la importancia de escuchar grabaciones y leer libros. Después de escuchar y leer una vez estos materiales, es fundamental hacerlo nuevamente, una y otra vez, para aprenderlo a un nivel inconsciente. Y no me refiero sólo a memorizar la información que los audios y los textos transmiten, sino a saberla automáticamente. A este proceso de escuchar grabaciones y leer libros una y otra vez se le llama *repetición espaciada*. La técnica consiste en repetir una y otra vez la información dejando un espacio de tiempo, mientras se escuchan y se leen otros materiales también sujetos a la repetición espaciada. Insisto, una y otra vez. De tal modo afianzas la información y mejora tu comprensión debido al principio de los niveles de conciencia. Este fundamento parte de que cuando tú lees o escuchas una información, adquieres un nivel de conciencia determinado. Es decir, te ubicas en cierto plano de comprensión respecto a la información que consumiste. Si posteriormente relees o escuchas nuevamente el mismo material, entenderás nuevos aspectos de las enseñanzas a las que estuviste sujeto e, incluso, percibirás un conocimiento que habías pasado por alto, obteniendo así otro nivel de conciencia. El proceso continúa con una tercera y cuarta lecturas, y así indefinidamente. Por eso te sugiero: después de leer este libro, incorpóralo a tu repetición espaciada. Reléelo cada mes para integrar en tu conciencia toda la información que aquí comparto, hasta que forme parte de ti a nivel neuronal, de modo que sea automática y la sepas sin pensarla. Haz los ejercicios recomendados y serás testigo de un resurgimiento o receta de ti mismo.

### Observa y edúcate

Mira con atención la manera en que otros ejecutan las habilidades que deseas aprender. Si consigues un mentor y asumes el rol de aprendiz, analizarás a esa persona y la imitarás. Por esa razón, también es fundamental relacionarse con gente que tiene lo que tú quieres y sabe lo que te interesa saber. Por eso si tu objetivo es ser un chef exitoso, debes aprender de un chef extraordinario. Igual harías con un músico, un jugador de tenis, golf o baloncesto extraordinario, si es el campo en el que aspiras lograr el éxito. Relaciónate con alguien excepcional en lo que deseas lograr porque:

*El éxito reproduce el éxito.*

Es decir, se contagia como un virus. Digamos que un individuo contrajo el virus del éxito; si tú lo frecuentas, es muy probable que lo contraigas también. Al estudiar a esta clase de personas, se desarrollan las conexiones neurológicas de las que hablé y si imitas sus pautas —o sea, sus hábitos—, las conexiones neuronales se reforzarán, hasta que en tu cerebro se desarrollen tus propias pautas y, entonces, tu nivel de competencia subirá al grado automático.

*Asóciate con gente que tiene lo que tú quieres*
*o estuvieron donde tú estás y salieron de ahí.*

Una vez en contacto con gente así, presta constante atención a sus patrones de conducta, hábitos y actitud, para identificar qué hacen ellos y tú no. De lo contrario, podrías permanecer en el primer nivel cognitivo, ignorando que no sabes.

### Educa a los demás

Enseña a otros la información aprendida. De este modo el conocimiento se integrará a ti de forma aún más rápida y perdurable. El proceso de enseñanza te obliga a hacerte consciente de la información adquirida. Para explicarla claramente es necesario entenderla de modo apropiado. Esta profundidad en el entendimiento abre la puerta a los momentos "¡Ajá!" o momentos eureka: una revelación, introspección o inspiración repentinas hacen evidente la solución a un problema o te permiten ver más cuando caminas hasta donde puedes ver. Estos momentos también incrementan tu nivel de conciencia.

### Así no subirás al cuarto nivel

Saber cómo se logra una capacidad automática te será sumamente útil en la búsqueda de tu meta. No obstante, considero necesario advertirte qué debes evitar, si deseas llegar al cuarto nivel del conocimiento del éxito:

1. Escuchar a las personas equivocadas y aprender la información incorrecta. Un chef mediocre, un pianista no profesional o un empresario corrupto, son todos modelos equivocados a seguir. Si los imitas aprenderás pautas equivocadas, y en lugar de acercarte a tu éxito y felicidad, te alejarás.

2. Tener un bajo índice de ser enseñable. Si tu capacidad de aprender es pequeña, en las dos variables (Voluntad de aprender y cambiar) que describí en el capítulo 4, aunque tengas acceso a los conocimientos adecuados serás incapaz de lograr el éxito. Recuerda que aunque tu voluntad para aprender sea alta, si tu compromiso con el cambio personal es bajo, te rehusarás a modificar patrones. En consecuencia, seguirás actuando como hasta ahora en lugar de repetir nuevos comportamientos. Por lo tanto, no desarrollarás nuevas conexiones neurológicas que conformarán patrones de comportamiento, hábitos o paradigmas distintos, que te empoderen y favorezcan.

3. Concentrarse en exceso en cómo lograr tu objetivo, al asumir erróneamente que ahí está la clave para alcanzarlo. Si éste es tu enfoque, estás abriendo la puerta para que te paralicen excusas como "no sé cómo hacerlo", "no tengo dinero", "no puedo tomar vacaciones" o

simplemente "no se puede". Date cuenta de que este patrón te frena porque después de expresar o imaginar tu deseo, te enfocas en todas las razones para estancarte y no llevarlo a cabo.

4. Invertir tiempo insuficiente en el tercer nivel del conocimiento. Si no dedicas periodos apropiados para desarrollar una competencia consciente, como un niño que repite numerosas veces los pasos para atarse los zapatos, te será imposible dominarla a tal grado que se establezcan nuevos patrones y hábitos para que dicha capacidad suceda de forma automática. Si esa condición no se cumple no fluirán —como por arte de magia— los resultados descritos, los cuales, cuando ocurren, dan la impresión de que no tuviste que "hacer nada", mientras tú actúas en una armonía maravillosa, divirtiéndote y sintiéndote muy bien con lo que haces.

## Hacer, un buen hábito

Te pido que reflexiones un momento: cada vez que afirmas que sabes algo —que pudiste haber escuchado, leído o visto—, ¿realmente lo sabes? ¿Cuándo podemos decir que alguien sabe algo? Considero que lo sabe al experimentarlo, cuando lo vive. El escritor y orador motivacional —conocido como doctor Love— Leo Buscaglia dijo: "Saber y no hacer, es no saber." Si alguna vez declaras tener una habilidad o un hábito que en realidad no tienes, harás algo que en honor a la verdad no llevas a cabo, respóndete en este momento: ¿por qué lo afirmas?

Las personas tienen cientos de hábitos pero se pueden resumir en dos: los hábitos de hacer y los hábitos de no hacer. La única manera de hacer algo es haciéndolo; es decir, actuando de forma comprometida. En este momento de la lectura ya tienes un nivel de conciencia incrementado respecto al que tenías cuando comenzaste a leer este libro. Con esto en mente, analiza: ¿realmente haces todo lo que te propones?

Si tu respuesta es negativa, es porque desarrollaste hábitos de no hacer y, por eso, no tienes éxito. Estos hábitos están arraigados en ti pero no son permanentes. Para extirparlos o, en su caso, inhabilitarlos, pues llega a ocurrir que permanecen en ti, aplica los cambios pertinentes en tu vida de modo consciente —del mismo modo que hace el niño cuando aprende a atarse las cintas de los zapatos— sin importar el trabajo que cueste. Y repetir incesantemente las acciones que constituyen esos cambios. Así estarás creando circuitos neuronales de hacer, que remplazarán los circuitos neuronales de no hacer, hasta que se vuelvan prácticamente automáticos y funcionen sin que te cueste trabajo, de la misma manera en que, por el momento, actúan tus hábitos de no hacer.

De lo anterior se derivan dos afirmaciones:

1. Si quieres cambiar cosas en tu vida, deberás cambiar cosas en tu vida.
2. Si sigues haciendo lo mismo esperando cosas diferentes, seguirás teniendo los mismos resultados.

He visto con frecuencia que el origen del fracaso de la mayoría de las personas se debe a que no saben o desatienden los principios anteriores. Es absurdo pero pretenden que su vida se transforme sin estar dispuestas a sacrificarse por esa metamorfosis.

Muchos de los estudiantes del Diplomado de Mentalidad de Abundancia llegan en circunstancias desfavorables para su éxito —conflictos personales, pensamientos antagónicos a la abundancia o endeudamiento crónico, por ejemplo—. Pero después aprenden los conocimientos y son capaces de hacer los cambios necesarios para darle un vuelco a su situación. Ya mencioné el caso de Manuel, en el capítulo 1, quien se comprometió con su superación y resolvió conflictos personales y financieros cargados por años. Otro es el de Adriana, otra egresada, cuyo sueldo era de nivel medio, carecía de ahorros y tenía algunas deudas. En sólo un año tras aprender se compró una buena casa, adquirió dos propiedades que renta y ahorró dinero en el banco. Año y medio después, estaba a punto de estrenar una casa mucho mejor, sin vender la primera que adquirió. ¿Tuvo que hacer cambios en su vida? Por supuesto, ante todo dominar los cimientos de su éxito para que trabajaran de manera automática. Y valió la pena.

Conviértete en un maestro respecto a quién vas a escuchar y qué vale la pena aprender; estar abierto a aprender y asumir el sacrificio que implica un cambio; a balancear actitud frente a aptitud, de modo que el porqué de tu objetivo sea tu motor, en lugar de que el cómo sea tu freno; que lo que cuente no sean los hechos ni los datos, sino tus pensamientos, y domina con maestría las técnicas para absorber los comportamientos, hábitos o paradigmas que te favorecen y empoderan rumbo a tu éxito.

A lo largo de tu camino no te inquietes porque aún no los dominas. Puede que estas páginas apenas te hagan consciente de lo que no sabías que ignorabas. Pero ahora ya sabes que no lo sabías. Dependerá en primer lugar de tu índice de ser enseñable para dominar los elementos básicos expuestos hasta ahora. Si tu índice es bajo, increméntalo. Una vez que tengas la voluntad de aprender y cambiar, pon en práctica los conocimientos en todo momento con el objetivo de volverlos competencias automáticas. Y entonces serás testigo de la magia que puedes crear.

---

Ejercicio 18: ¿Cómo ayuda el cambio a lograr el éxito?
Recuerda: "Si quieres cambiar cosas en tu vida, entonces tendrás que cambiar cosas en tu vida." Ahora, escribe lo siguiente:

1. Cosas de mi pasado que he cambiado para mejorar como persona.

2. Cosas de mi pasado que he cambiado y mejorado gracias a que alguien o algún suceso me ayudaron de alguna manera.
3. Cosas que he visto cambiar en otros para bien.
4. Escribe tus ideas sobre por qué es tan importante cambiar para lograr el éxito.

---

## IDEAS PODEROSAS DEL CAPÍTULO 7

- "Si sabes cómo hacer algo y no lo haces, entonces estás peor que antes": *Confucio.*
- Cada aprendizaje consta de cuatro fases para llegar al punto más alto del conocimiento.
    1. Incompetencia inconsciente: cuando no sabes que no sabes.
    2. Incompetencia consciente: cuando sabes que no sabes.
    3. Competencia consciente: cuando sabes que sabes.
    4. Competencia inconsciente: cuando sabes automáticamente.
- Los cuatro cimientos de tu éxito.
    1. A quién vas a escuchar.
    2. El índice de ser enseñable (incluidas sus dos variables).
    3. La balanza de la capacitación, en la que noventa por ciento o más se enfoca en el porqué y diez por ciento, o menos, en el cómo.
    4. Las cuatro fases del ciclo de aprendizaje.
- Volverte un experto en estos cimientos es un proceso continuo que dura toda la vida, haberlos leído no concluye tu aprendizaje. Considera que tu conocimiento sobre los cuatro cimientos del éxito debe de ser tan natural como decir tu nombre o atarte las agujetas de tus zapatos. Por lo mismo hay que ponerlos en práctica en todo momento.

- Imagina que bastara con dar la instrucción, "quiero tener éxito" para que suceda. Cuando asimiles los conocimientos de este libro a un nivel de competencia inconsciente, entonces comienza la magia y muchas veces incluso "aunque no hagas algo", las cosas funcionan. Y tus deseos se manifiestan a velocidad récord.
- No saber que no sabes es el peor escenario posible, una vez que sabes se traza un camino para seguir.
- Para llegar a la competencia inconsciente o piloto automático, existen tres vías.
    1. Hacer las cosas una y otra vez.
    2. Observar a otros hacer lo que tú deseas hacer.
    3. Enseñar a otros.
- Al proceso de escuchar grabaciones y leer los mismos libros una y otra vez, se llama repetición espaciada, de tal modo que afianzas la información y mejora tu comprensión debido al principio de que aumentas tu nivel de consciencia cada vez que relees o escuchas la información.
- Cuando observas y aprendes de otros que tienen o hacen lo que tú deseas, se genera el fenómeno: "El éxito reproduce el éxito", es decir, se contagia.
- Asóciate con gente que tiene lo que tú quieres o estuvieron donde estás tú y salieron de ahí. Cuando aprendas la información, enséñala a otros, de este modo el conocimiento se integrará a ti de forma aún más rápida y perdurable.
- Para llegar al éxito es importante evitar lo siguiente:
    1. Escuchar a las personas equivocadas.
    2. Tener un bajo índice de ser enseñable.
    3. Concentrarte en exceso en CÓMO lograr tu objetivo, al asumir erróneamente que ahí está la clave para alcanzarlo.
    4. Invertir tiempo insuficiente en el tercer nivel del conocimiento. Es necesario trabajar constantemente en el conocimiento consciente, hasta lograr que un conocimiento o

una habilidad se vuelvan una competencia inconsciente y que las cosas sucedan en forma automática.

- Las personas tienen cientos de hábitos, pero se pueden agrupar en dos, los hábitos de no hacer y los hábitos de hacer. ¿Cuándo podemos decir que alguien sabe algo? Cuando lo vive. Saber y no hacer, es no saber. Los hábitos de no hacer posponen el éxito o éste nunca llega, así que hay que crear los circuitos neuronales de hacer, pues si no hay acciones no hay resultados.
- Si quieres cambiar cosas en tu vida, deberás cambiar cosas en tu vida.
- Si sigues haciendo lo mismo esperando cosas diferentes seguirás teniendo los mismos resultados.
- Cuando tengas la voluntad de aprender y cambiar, pon en práctica los conocimientos en todo momento con el objetivo de volverlos competencias automáticas. Y entonces serás testigo de la magia que puedes crear.

# Segunda parte
## LA APLICACIÓN DE LOS FUNDAMENTOS DEL ÉXITO

# La búsqueda de un alto nivel de conciencia

Cada uno de nosotros es capaz de alcanzar lo que quiera en la vida, pero antes debemos extender la conciencia para lograrlo. Existen distintos niveles de conciencia que son estados mentales que configuran nuestra manera de proceder. Quien desea alcanzar éxito debe aspirar a los más altos niveles de conciencia. La mentalidad de un ser humano puede evolucionar por etapas, entre la más básica hasta la más sublime, como se muestra en el siguiente esquema:

```
       CONCIENCIA CÓSMICA O INFINITA
       ------------------20------------------
       ------------------19------------------
       -----------------18-----------------
       ----------------17----------------
       ----------------16----------------
       ---------------15---------------
       --------------14--------------
       -------------13-------------
       ------------12------------
       ----------11----------
       ----------10----------
       ---------9---------
       --------8--------
       -------7-------
       ------6------
       -----5-----
       ----4----
       AUTOCONCIENCIA
       --2--
       -1-
       CONCIENCIA SIMPLE
```

Esta escala con una veintena de escalones es arbitraria. Lo mismo podrían ser cincuenta que diez niveles. El objetivo de la representación es mostrarte de dónde partimos y hacia dónde debemos dirigirnos en lo que respecta al perfeccionamiento de nuestra mentalidad. En el camino hacia la cima de la pirámide invertida de la conciencia hay tres fases fácilmente distinguibles:

### La conciencia simple

Se trata del estado más básico de la mente en la que uno tiene conocimiento del mundo exterior pero no del interior. Una persona con esta mentalidad podrá ver hacia afuera pero nunca hacia dentro de sí mismo. Es similar al estado mental que tendría tu mascota o cualquier otro animal: te reconoce, responde a estímulos como cariño o una amenaza pero no tiene conciencia de su conciencia.

### La autoconciencia

La conciencia simple es sólo el nivel de donde parte la escala, pero como género humano somos afortunados en contar con un conocimiento —en menor o mayor medida— sobre nosotros mismos. Esta capacidad de mirar hacia el interior y conocernos, es lo que llamo autoconciencia.

En los niveles más bajos de la autoconciencia, nuestro vigía, esa voz de la que hablé en el capítulo 5, diseñada para asegurar nuestra supervivencia pero no para impulsar nuestro éxito porque nos infunde miedo, manda en el interior. En esos casos la gente ni siquiera se percata de que existe; es decir, no sabe que no sabe. En estos casos, las probabilidades de éxito son muy bajas y las personas en este estado se dedican fundamentalmente a subsistir y a reaccionar, sin alcanzar objetivos claros más allá de la supervivencia. Existen personas con todo tipo de perfiles que se encuentran en estos niveles bajos de pensamiento, incluyendo profesionistas como abogados, ingenieros y médicos. Sin importar el perfil, todas ellas tienen el potencial de lograr el éxito, pero no pueden porque no elevan su conciencia.

Pero cuando estas personas se enteran de que existe esa voz y hay una manera de lidiar con ella, entonces saben que no saben. Y si, además, practican decirle cada vez que ésta les hace una advertencia y sienten miedo: "Gracias por compartir" o también, "Cancelado, cancelado", a fuerza de repetir estas frases se conquistarán a sí mismas y alcanzarán un nivel de conciencia más elevado.

## La conciencia cósmica

Este nivel de conciencia es el más elevado al que un ser humano puede aspirar y se logra cuando una persona adquiere el conocimiento de su unidad con el universo.

Durante mi vida he sido un apasionado lector y estudioso de los conceptos filosóficos hindúes, budistas y cristianos, así como algunas de sus variantes. También he aprendido un poco sobre los preceptos del judaísmo, el islam y otras religiones. Asimismo he tenido el privilegio de maravillarme de primera mano con los templos que la humanidad ha construido en distintas partes del planeta motivado por su fe: iglesias y catedrales en países católicos, tanto europeos como americanos; mezquitas en países como Turquía, los Emiratos Árabes, Israel y Jordania; así como monasterios budistas en India, Nepal, Bután, el Tíbet, China, Taiwán y Tailandia, donde hice ofrendas cuando estuve de visita. Me impresiona la capacidad creativa, inspirada por lo que yo considero la búsqueda del género humano de los niveles más elevados de conciencia, a lo largo de la historia. Desde mi punto de vista, la búsqueda de ese estado está asociada con alcanzar la felicidad, la paz interior y la realización personal y espiritual. Miles de millones de personas que acuden a los templos que visité —y el resto donde no he puesto un pie aún— intentan encontrar esa conciencia elevada, un denominador común que en cada religión tiene un nombre. En el catolicismo se trata del estado de Gracia, mientras en el budismo se llama Nirvana, donde todo es paz, armonía y plenitud.

Conforme una persona asciende en la escala, se da cuenta de más y más cosas de las que antes no se había percatado. Un ejemplo: supongamos que una persona que se halla en el nivel cinco arbitrario, gana cinco mil dólares mensuales. Es capaz de ganarlos porque es su nivel de conciencia y así se quedará mientras no lo incremente. Pero si su nivel de conciencia crece, también crecen sus ingresos. Retomaré este caso más adelante.

Si bien este libro no se enfoca en la religión, considero que muchos elementos incluidos en él podrían contribuir para que cada individuo refuerce la fe que profesa. O incluso, si no tuviera ningún credo, el contenido de estas páginas constituye una guía para seguir ciertos comportamientos y estudios, que lo ayuden a elevar su nivel de conciencia. De modo que, mientras más alto llegue, una persona pueda vivir un mayor porcentaje del tiempo en ese nivel. Mi intuición —y recuerda aquí la importancia que ella tiene, discutida en el capítulo 5— me dice que el nivel de conciencia cósmico es infinito y si uno lo eleva continuamente, nunca deja de incrementarlo.

## El día que los problemas se terminan

A continuación abordaré los niveles de conciencia desde un punto de vista práctico. Imagina a una persona en el nivel siete de la escala de conciencia, podría ser el nivel seis u ocho, eso en realidad no importa, y cada vez que sufre un dolor de cabeza, toma un medicamento para quitárselo de manera rutinaria.

Supón que un día este individuo incrementa su conciencia en uno o dos niveles —tampoco es trascendental en este caso— respecto a su dolor de cabeza y descubre que está somatizando una alteración psíquica. Posiblemente está crónicamente estresado. No sabía que no sabía pero después se da cuenta y posteriormente toma acciones para resolver el problema que es la raíz de su dolor de cabeza. Después de que lo soluciona, el uso de analgésicos se vuelve innecesario.

Ahora piensa en un sujeto que ha subido, digamos, al noveno nivel de la escala de conciencia y ahí su ingreso mensual es de quince mil dólares. El mismo individuo ganaba cinco mil dólares cuando se hallaba en el quinto nivel de la progresión de conciencia. Es decir, gana tres veces más. ¿Qué cambió? ¿Se modificó algo dentro o fuera de esta persona?

Cuando planteo esta idea a los asistentes de los seminarios, suelen creer que este individuo adquirió nuevos conocimientos sobre cómo triplicar sus ingresos, al aprender nuevas técnicas y estrategias. Sin embargo, la realidad es que aunque dichas técnicas y estrategias pudieron ayudar, en esencia fue indispensable que hubiera un cambio interior en esta persona: la cancelación de un paradigma o creencia limitante. La decisión en su mente de triplicar sus entradas económicas, provino de un descubrimiento o una inspiración que lo subió de nivel de conciencia y este escalamiento produjo, tanto una capacidad incrementada como las acciones resultantes en mayores entradas económicas.

Pero este fenómeno no se limita al dinero. Al crecer en nivel de conciencia, mejoras en todos los sentidos y mientras más arriba te encuentres, tu vida es más plena y realizada. Lo anterior ocurre porque en la medida que asciendes en la escala mencionada, logras un balance magnífico en tu vida. Y en consecuencia, un individuo con alto nivel de conciencia atrae a los demás como si fuera un imán. Quizá te hayas topado con alguien así en algún momento de tu vida. Son personas que generan cierta fascinación y que, ante un problema, en lugar de alterarse ven la solución y no dudan en resolverlo.

Existe mucha gente que protesta y se queja de múltiples problemas de la vida. Pondré un ejemplo muy simple: algunos cuando manejan un automóvil y alguien se les atraviesa o frena el tránsito, se irritan y tocan el claxon con desesperación. Mientras más alto es tu nivel de conciencia, menos te alteras y menos te afecta el tránsito.

Una persona que ha accedido a un mayor nivel de conciencia busca el lado bueno de todo o, podría decirse, encuentra oro en todo, sin importar si hay mucho polvo y tierra alrededor. Un individuo así busca las soluciones más racionales cuando la irracionalidad y la injusticia prevalecen, de manera similar a como lo hizo Mahatma Gandhi en su lucha sin violencia para conseguir la independencia de la India.

Supón que así como hay una progresión de la conciencia, hubiera una escala de problemas. Si tú fueras una persona en el segundo nivel de conciencia y tuvieras un problema de nivel cuatro, ¿quién sería más grande, tú o el problema? El problema, por supuesto. Al contrario, si tú hubieras subido ya al octavo nivel de conciencia y se te presentase un problema de nivel cinco, ¿quién sería más grande, tú o el problema? Tú, claro está.

Pero, ¿qué pasaría si hubieras alcanzado como mínimo el décimo nivel de la conciencia y surgiera un problema de nivel nueve. ¿Quién sería más grande, tú o el problema? En estas circunstancias ocurre algo sorprendente. No es que tú seas más grande, sino que ya no hay problema: desde que asciendes al décimo nivel de conciencia —y de nuevo, el número es intrascendente, lo que importa es el efecto que experimentas— tú ya no tienes problemas, solamente situaciones o pequeños inconvenientes en la vida.

Cuando nuestra conciencia alcanza un alto grado de evolución, nuestra actitud se desarrolla a tal grado que podemos entender la vida como un proceso normal que requiere de retos y metas, y para llegar a éstas es indispensable atravesar y superar problemas. Y si ésta es una condición inevitable, ¿por qué no ver los problemas con un punto de vista diferente? Así, en vez de permitir que lo detengan o lo desanimen a uno, nos volvemos capaces de encuadrarlos bajo un punto de vista más positivo y "empoderante", que nos ayuda a resolverlos. Por esa razón, quien tenga un nivel de conciencia más elevado ya no verá los problemas como algo malo, sino como una oportunidad de aprendizaje, que más bien refuerza sus pensamientos hacia el logro de sus metas. Conforme más alto sea el nivel de conciencia al que accedes, notarás que sientes más serenidad y que tu capacidad de adaptación a diferentes circunstancias aumenta.

Las personas ubicadas en un alto nivel de la escala se comportan como verdaderos magos que hacen que todo lo que se proponen se vuelva realidad. En ese momento se produce un fenómeno que Deepak Chopra llama *sincronicidad*, en su libro *Sincrodestino*. Cuando este prodigio acontece, detonado por un pensamiento adecuado, diversos acontecimientos se sincronizan en el tiempo para que suceda lo que tú deseas. Parece casualidad pero no lo es. Esta "magia" viene precedida por tu firme decisión de lograr un objetivo.

Contaré una historia para ilustrar este tipo de sucesos extraordinarios. Ya mencioné antes que en 2014 mi esposa y yo decidimos visitar la India, Nepal, Bután y el Tíbet. Haríamos nuestro viaje después de pasar unos días en los emiratos de Abu Dabi y Dubái, a donde asistiríamos a un encuentro empresarial. Yo adquirí los boletos a fines de octubre del año anterior para viajar el 11 de abril desde Dubái a Nueva Delhi. Dado que ambos tenemos pasaporte español y mexicano, y el primero nos permite visitar los Emiratos Árabes Unidos sin necesidad de visa, yo asumí que para entrar a la India sería el mismo caso, y mi agencia de viajes no me informó de lo contrario sino hasta el jueves 27 de marzo; es decir, unas dos semanas antes del viaje. Ese día, que mi agente me llamó muy apenada para decirme que había olvidado decirme que era necesaria la visa para la India, yo acababa de llegar a Miami, donde estaría trabajando todo el fin de semana hasta el domingo 30. La salida rumbo a Abu Dabi era el martes 1º de abril. La situación era la siguiente: requeríamos visa para la India y ya habíamos pagado un costoso viaje para visitar cuatro países del Lejano Oriente, cuya primera escala era entrando por Nueva Delhi, ciudad desde la que también regresaríamos a México, vía Nueva York.

De modo que sólo tenía un día hábil —el 31 de marzo— para arreglar el trámite en México. Ese lunes a las dos de la madrugada llené, con ayuda de mi hijo Tony, la solicitud de visado, por Internet. Ya había establecido un plan con la agencia de viajes que consistía, si no podía obtener el permiso de internación ese día, en dejarles los pasaportes mexicanos para que ellos dieran seguimiento al trámite y luego nos enviaran los documentos a Medio Oriente por Fedex. Pero tenía un problema adicional: es requisito para la visa que el pasaporte tenga una vigencia mínima de seis meses y el mío vencía en cuatro.

Julio, quien unos meses después se convertiría en mi consuegro, me sugirió acudir a la delegación Iztapalapa con un colaborador suyo de medio tiempo, que por las mañanas trabajaba en Relaciones Exteriores, para tramitar de modo exprés un nuevo pasaporte. Fue de gran ayuda. Estuve ahí el lunes a las ocho de la mañana y me pidió regresar a las once para iniciar el trámite. Para la una de la tarde ya tenía el nuevo documento. De ahí salí corriendo a la embajada de la India, a encontrarme con mi esposa Mary, quien había llegado por la mañana para solicitar acceso, plantear nuestro caso, entregar los pasaportes y obtener —de ser posible— ese mismo día el visado. Pero no la quisieron recibir dado que no tenía cita.

Cuando me enteré, mientras tramitaba el pasaporte, llamé a mi primo Luis, quien años antes trabajó en Relaciones Exteriores, para preguntarle si conocía a alguien en la embajada de la India que nos ayudara. Él no conocía a nadie pero tenía un sastre indio. Y después de una llamada, éste nos recomendó con el asistente del cónsul para que me concediera una entrevista el mismo día por la tarde. El funcionario me recibió y muy amablemente me explicó que no podía ayudarme: los feriados y las elecciones que habría en esa época del año en la India retrasarían la entrega de visas hasta el 23 de abril y yo volaría a la India el viernes 11. Me sugirió solicitar la visa en Abu Dabi, adonde mi esposa y yo llegamos el 2 de abril, después de treinta horas de viaje. Al día siguiente acudimos a la embajada hindú en ese país y ahí el policía nos informó que en la representación diplomática no se recibían pasaportes: tienen una empresa subcontratada, BLS Services, para tal efecto. Así que tomamos otro taxi en esa dirección. Llegamos a una oficina repleta de gente y cuando por fin nos atendieron la respuesta fue la misma que en México: debido a las fechas, la visa no estaría lista hasta el 20 de abril o después, demasiado tarde para nuestro viaje.

Salimos con nuestros pasaportes y de regreso en el hotel me acerqué con Yoshua Edwards, el responsable de la logística para atender al grupo de empresarios del que formábamos parte. Le expuse mi problema y le pedí ayuda. Él no conocía a nadie que pudiera apoyarme pero después de una búsqueda en Google, halló un servicio premium para el trámite de visados —donde cobraban el triple— proporcionado por la misma BLS Services en otra ubicación. Cabe señalar que estábamos en un país desconocido, sin contactos ni la menor idea de cómo tramitar la visa. Así que nos íbamos informando poco a poco.

Nuevamente en un taxi, Mary y yo nos dirigimos a aquella oficina; llegamos poco antes de las seis treinta de la tarde, hora del cierre. Una vez ahí hicimos el mismo planteamiento de la mañana y nos informaron que el tiempo jugaba en nuestra contra: podrían recibirnos los pasaportes ese día pero no saldrían rumbo a la embajada (el procedimiento estándar) sino el domingo —viernes y sábado se descansa en los Emiratos Árabes— y que una vez ahí, tardarían más de lo normal porque la semana del 7 al 11 era corta por los feriados en la India, respetados en la sede diplomática. En el mejor de los casos los documentos estarían de regreso el viernes 11 —el día que partiríamos— pero dado que la oficina de BLS estaría cerrada por fin de semana, no estarían disponibles sino hasta la semana siguiente.

En ese momento, mientras pensaba en un sillón qué otra opción tenía, llegó justo cuando estaban cerrando, un individuo que suplicó lo dejaran entrar. Se trataba de un personaje —maravilloso y mágico, a mis ojos— que iba a tramitar una decena de visas para ciudadanos estadounidenses. Conversamos y yo, sin saber quién era ni qué hacía exactamente, le planteé mi dilema. Él me dio la solución: "Hable con el cónsul para solicitarle un favor, pida una entrevista con él en la ventanilla seis" de la Embajada, me indicó. Llenamos dos nuevas solicitudes para el trámite con la dirección del hotel donde estábamos hospedados y salimos de ahí con la intención de solicitar una audiencia con el cónsul el domingo.

El 6 de abril a mediodía pude escaparme de mis compromisos para solicitar la entrevista en la ventanilla seis. El guardia a la entrada me reconoció porque desde mi primera visita mi trato fue cordial y me facilitó el acceso. Una vez frente al cónsul, cuando quise contarle toda mi historia él me dijo: "Al grano, ¿cuál es su problema?" Y entonces le dije sencillamente: "Mire, mi vuelo de Dubái a Nueva Delhi es el viernes 11 pero no tengo la visa". El diplomático solicitó ver copia de los boletos de avión y entonces —como el trámite ya se había iniciado en BLS— me indicó, después de anotar en su calendario de argollas mi número de trámite, que recogiera el jueves 10 por la tarde los documentos con el visado en las oficinas de una empresa de mensajería. Y asunto arreglado. Mary y yo pudimos volar sin contratiempos a la India, yo cumplí mi sueño de visitar el templo de mármol formado por más de mil columnas que visualizaba cuando estaba recostado en la silla del dentista (que mencioné anteriormente) y pasamos unos días maravillosos.

Cuando comparto esta historia, a la gente le parece sorprendente la manera en que las casualidades se fueron hilando hasta conseguir la visa: el colaborador de mi consuegro que me ayudó a sacar un nuevo pasaporte; el sastre de mi primo; el trabajador de la Embajada en México que me sugirió llevarme los pasaportes a Abu Dabi en lugar de dejarlos ahí; el responsable de la logística que descubrió que había una oficina VIP para tramitar las visas, y sobre todo, ese ser maravilloso y mágico que llegó justo antes del cierre de la oficina y me dio la solución a mi problema.

Para mí no fueron casualidades. Yo las considero *sincronicidades*. Esta historia es, además, un ejemplo de cómo trabaja la Ley de la Atracción, un concepto que te empoderará pero que definiré y explicaré en detalle en el capítulo 12.

## Tu perfil según tu nivel

El doctor y escritor de libros de desarrollo personal Wayne Dyer aborda los niveles de conciencia desde otro enfoque, que considero relevante mencionar porque describe con gran acierto las características de un individuo, según el grado en que se halla.

Desde el punto de vista de Dyer, existen tres niveles evolutivos generales. Cada quien se ubica en uno de ellos en función de la manera como procesa la información que recibe y los cuestionamientos que se hace:

3. Evolución por propósito
2. Evolución por resultados
1. Evolución por sufrimiento

A continuación describo cada uno de ellos.

### 1. Evolución por sufrimiento

En este nivel las personas se asumen como víctimas de las circunstancias. Se viven las experiencias con sufrimiento y, en ocasiones, con resignación. Las preguntas más comunes que se hacen son: "¿Por qué a mí?", "¿Por qué yo?", "¿Por qué todo me sale mal?"; o "¿Por qué a pesar de todos mis esfuerzos, no logro superar mis problemas?" Otros cuestionamientos que se plantean son: "¿Por qué Dios no me quiere y a otros sí?", "¿Por qué tengo mala suerte?", o "¿Por qué la vida es injusta?"

Si relacionamos este perfil con la escala de la conciencia presentada al inicio de este capítulo, encontraremos a estas personas ubicadas en los niveles más básicos de la autoconciencia.

No es muy difícil identificar a alguien que se victimiza. Como quizá hayas observado, una víctima "autodeclarada" deja tres pistas a su paso:

**a)** Culpan a los demás.
**b)** Se quejan todo el tiempo.
**c)** Constantemente se justifican.

Estos comportamientos sólo llevan a más sufrimiento. Analiza a tu alrededor qué personas se conducen así.

Por otro lado, estas personas son guiadas por el miedo. Erróneamente, en un continuo intento por evadirlo, no intentan nada. Cayeron presas de la voz que gobierna sus vidas con la pregunta: "¿Y si?", "¿Y si me caigo?", "¿Y si no me funciona?", "¿Y si fracaso?" Su perspectiva es negativa y por lo tanto acostumbran hacer preguntas en ese sentido y se enfocan en las cosas que pueden salir mal.

Carecen de un sueño y objetivos claros. Y al no tener un deseo ardiente, les falta enfoque. Estas personas niegan el hecho de que uno solamente obtiene lo que piensa la mayor parte del tiempo y su mente está enfocada en la duda y la incredulidad. Sometidas al "¿Y si?", se encuentran en una especie de parálisis en lo que respecta a sus aspiraciones y sólo sufren su existencia. No entienden que cruzar la línea de la zona de comodidad y experimentar —algo que generalmente los llevará a terrenos desconocidos—, son las rutas para prosperar. Tampoco comprenden que mantenerse empantanadas en pensamientos, sentimientos y acciones desfavorables sólo perpetúa su estado.

## 2. Evolución por resultados

Cuando un individuo sube al siguiente nivel, deja de estar supeditado totalmente a sus circunstancias porque controla su vida. En otras palabras, comienza a considerarse responsable de lo que le sucede. En esta etapa, las preguntas más comunes empiezan con

"¿Cómo?", en lugar de "¿Por qué?", lo que en su vida representa un significativo avance: "¿Cómo supero mi problema?", "¿Cómo consigo esto o aquello?" En este nivel los seres humanos buscamos resultados y creemos que es la razón por la que estamos en este mundo, viviendo nuestra vida. El sufrimiento tiene sentido si es parte del camino para obtener resultados o, por lo menos, eso es lo que consideramos cuando sufrimos.

En general, un sujeto en el nivel dos está dispuesto a sufrir si considera que así alcanzará el resultado que busca. Y en aras de ese objetivo, normalmente material, sacrifica otros aspectos de su vida tan importantes o más, como su bienestar físico o mental, sus relaciones familiares y sociales. Por eso hay gente que envejece con dinero, pero sin salud para disfrutarlo. A veces sin compañía. En ocasiones sin ambos. Y llega a darse el caso de que lo pierde todo y llega a viejo sin nada.

La evolución por resultados es significativamente superior a la evolución por sufrimiento, pero es insuficiente para una vida de magia y *sincronicidad*; es decir, que sucedan cosas con tal sincronismo que parece que la vida se nos acomoda positivamente en todos los aspectos y el camino se allana para todo lo que hacemos.

Quizá ya comprendiste que alguien que constantemente se pregunta: "¿Cómo consigo esto o aquello?", se mantiene del lado derecho de la balanza de la capacitación y aún no se ha enterado de la importancia de estar del lado izquierdo, o sea, concentrarse en un noventa por ciento o más en la actitud correcta. Su grado de desarrollo aún no le permite enfocar las baterías hacia la parte de los pensamientos, las metas y las creencias, en la que el cómo es casi irrelevante; donde, gracias a su intención tan intensa, el universo le pondrá eventualmente el cómo enfrente, para llevar a cabo las acciones correspondientes.

Por otro lado, considero pertinente advertir aquí que para alguien que se halla en este nivel, tristemente y con frecuencia, el fin justifica los medios. Ello se debe a que la persona en cuestión aún no ha desarrollado suficientemente la razón —una de las facultades mentales descritas en el capítulo 5— para incorporar altos niveles de ética, entre los lineamientos principales que rigen su vida.

Los seres humanos con este perfil son capaces de moverse a pesar del miedo y pueden alcanzar lo que desde fuera parecen grandes éxitos en la vida y ser motivo de la admiración de la mayoría. Sin embargo, dichos logros podrían ser sólo maravillosos espejismos.

### 3. Evolución por propósito

Las personas que acceden a este nivel lo hacen de manera voluntaria porque han comprendido que hay mucho más por aprender que las habilidades relacionadas con la forma de lograr sus objetivos.

En la evolución por propósito, los logros importan menos que las enseñanzas en sí mismas que la vida nos ofrece y el cumplimiento de nuestra misión. Todo lo que nos ocurre tiene sentido y significado, no tanto para lograr algo a futuro, sino para evolucionar "aquí y ahora". En este peldaño, el propósito está principalmente fuera de uno mismo y se halla más orientado en ayudar a otros en su propia evolución.

Al subir a este nivel nos convertimos en aventureros en una tierra misteriosa, en la que disfrutamos nuestra andanza y lo impredecible de los acontecimientos. Nos sentimos confortables con el caos, la ambigüedad y lo desconocido y saboreamos la vida al experimentar esa incertidumbre.

Las anteriores son algunas de las actitudes y características que se atribuyen a personas con grandes propósitos en beneficio de la humanidad, como Jesucristo, Buda, Leonardo da Vinci, Francisco de Asís, Teresa de Ávila, Juan de la Cruz y muchas más, que aunque no fueron famosas han vivido una vida de plenitud y realización, a la que todos, sin excepción, podemos acceder. Esta clase de personajes a veces fueron llamados coloquialmente "magos". Los individuos en este nivel sustituyeron definitivamente el miedo por la confianza y el amor, así como por el placer que genera en el individuo salir de la zona de comodidad para entrar a una de "incomodidad" donde la persona entiende que se encuentran las oportunidades de mejorar.

Cuando el motor de nuestra evolución es nuestro propósito, el universo conspira a nuestro favor y nos alineamos con él. Somos capaces de encontrar la fuente original de poder dentro de nosotros y olvidarnos de las fuentes externas porque sabemos que sólo son ilusiones y crean dependencia. Y nada sucede a menos que uno lo decida, pues uno es el arquitecto de su propio destino. Uno mismo es el genio de la lámpara que uno mismo frota.

Aquí hago una advertencia. Debes tener mucho cuidado en no asumir un pensamiento muy extendido que podría arruinar tu comunión con el cosmos. Yo le llamo "misticismo", entendido no como lo define el diccionario (básicamente como una unión indescriptible del alma con Dios), sino como la creencia de que influencias externas controlan nuestra mente y nuestra vida. El "misticismo" es el enemigo número uno de la mente porque sostiene que tú no controlas lo que sucede en tu existencia y que, por el contrario, influencias externas la dominan. Esto es un gran mito. Tú controlas tu vida, sin importar las influencias exteriores: trátese del clima, otras personas o seres, conceptos mágicos o brujería, por ejemplo. Recuerda: si quieres cambiar cosas en tu vida, debes cambiar cosas en tu vida. Ello incluye pensar de modo diferente. Ese proceso involucra tu índice de ser enseñable, donde —como expliqué en el capítulo 4— entran en juego tanto la Voluntad de aprender como la Voluntad de cambiar, lo mismo comportamientos y hábitos que maneras de pensar. Sólo así dejarás de estar atrapado tanto por cosas materiales como por energías, ideas y creencias. Entre estas últimas las más peligrosas son las ideas o creencias de incapacidad, relacionadas con la noción de que si algo más controla tu vida, entonces no hay nada que puedas hacer para superarte.

En contraste, en el nivel de evolución por propósito, hagas lo que hagas, siempre tienes suficiente para cumplir cualquier deseo y eres capaz de ver en los demás el gran ser interior que hay en ellos: buscas y encuentras el "oro" que hay dentro de ellos, sin juzgarlos únicamente por sus actos. Asimismo, la percepción de los acontecimientos evoluciona y se adquiere una actitud que consiste en tener preferencias, no necesidades. Tener necesidades es fruto de un estado de atrapamiento que nos limita. En cambio, cuando uno es capaz de confrontar los acontecimientos —a veces no tan agradables como quisiéramos— y reencuadrarlos bajo el concepto de una preferencia (en lugar de una necesidad), la vida se vive más plenamente. Para ilustrar esto, supongamos que reservas para ti y tu pareja una habitación de hotel con cama *king size,* pero cuando arribas al lugar el encargado te dice que por un error en el sistema no hay ningún cuarto disponible con la característica solicitada. Lo único que hay es una habitación con dos camas separadas. Podrías molestarte y vociferar o desanimarte pero lo más adecuado es aceptar el acontecimiento sin enojarse o deprimirse porque tienes preferencias, no necesidades.

Si enfocas la vida de esta manera, tú prefieres dormir en una habitación con cama *king size* pero no lo necesitas. Igualmente, prefieres tener un automóvil nuevo pero no lo necesitas; prefieres tener ropa nueva o de marca pero no la necesitas, y tener mucho dinero sin necesitarlo. Y así puede ser preferible tener muchas otras cosas pero debemos ser capaces de vivir sin ellas, pues no estamos atrapados en la necesidad de tenerlas. De ese modo podemos estar en el camino hacia un mejor estilo o calidad de vida, pero mientras no lo alcanzamos, podemos vivir con plenitud sin sufrir nuestra existencia. En el estado de evolución por propósito, sabes que la imperfección es completamente comprensible aunque no necesariamente aceptable y esto motiva tu convicción de que el mundo, si bien no es perfecto, puede mejorarse y requiere de nuestra colaboración para que eso suceda.

En esta etapa de conciencia, tus ojos están abiertos a las posibilidades y a las *sincronicidades*, y encuentras sentido y conexión con todo lo que te sucede. De hecho, cuanto más te abres a la causalidad, más comienza a aparecer la magia en tu vida y cosas que antes te parecían imposibles, se vuelven una experiencia cotidiana. Y precisamente por eso, yo tengo la convicción de que tú no estás leyendo este libro por casualidad: fuiste guiado a él por tu propia necesidad y deseo de encontrar nuevas respuestas.

## No hay atajos

Una persona que se encuentra en evolución por propósito jamás diría que está en ese nivel. Sería su ego el que hablaría. Y eso no tiene cabida en su estado de desarrollo. Ahora bien, si alguien tuviera la fórmula para subir de un salto al nivel tres, no sería justo que te la revelara porque para elevar tu nivel de conciencia debes experimentar lo que necesitas experimentar. Ni más ni menos. De forma similar a la oruga que debe liberarse por su cuenta del capullo para tener la fuerza y la energía para volar convertida en mariposa. Si este proceso se inhibiera, se te estaría privando de la oportunidad de crecer y superarte por decisión propia. Y como resultado, tu permanencia en un nivel subsecuente estaría en peligro.

¿Sabes en qué nivel de conciencia estás? Las preguntas mencionadas en cada apartado de los tres niveles evolutivos te revelarán en qué etapa te encuentras.

Si constantemente te preguntas: "¿Por qué a mí?", "¿Por qué yo?", "¿Por qué todo me sale mal?" o "¿Por qué a pesar de todos mis esfuerzos no logro superar mis problemas o alcanzar mis metas?", entonces ya sabes en qué nivel estás. Si te preguntas: "¿Cómo hago para salir de mi problema?", "¿Cómo consigo esto o aquello?", o "¿Cómo hago para pasar del nivel uno al dos de la escala?", has empezado a considerarte responsable de lo que te sucede. Y ahora ya sabes cuál es tu nivel.

Empero, si después de leer lo anterior tu atención no está en un nivel; estás contento de haber recibido la información anterior porque tiene mucha lógica para ti; estás feliz de vivir esta existencia; vives el presente; sabes que todo pasa por algo y eso que te sucede está para servirte; confías en que el universo te manda lo mismo que tú estás dando, y eso te llena de felicidad, entonces ya tienes la respuesta.

## IDEAS PODEROSAS DEL CAPÍTULO 8

- Cada uno de nosotros es capaz de alcanzar lo que desea en la vida, pero antes debemos extender la consciencia para lograrlo.
- Existe la consciencia simple, donde no se tiene consciencia de la consciencia, la autoconsciencia, que es la capacidad de mirar a nuestro interior y conocernos. Y la consciencia infinita, cuando la persona adquiere la consciencia de su unidad con el infinito.
- Al crecer una persona en su nivel de consciencia, mejora en todos los sentidos y mientras más arriba se encuentre, su vida y su realización son más plenos, al adquirir un mayor balance existencial en todas las áreas de la vida.
- Una persona con alto nivel de consciencia atrae a los demás como si fuera un imán, estas personas generan cierta fascinación, buscan el lado bueno a todo y ante un problema, en lugar de alterarse, ven la solución y no dudan en resolverlo.
- Cuando nuestra consciencia encuentra un alto grado de evolución, entendemos la vida como un proceso normal que requiere de retos y metas, y para llegar a éstas es indispensable atravesar y superar problemas.
- Quien tenga un nivel de consciencia más elevado ya no verá los problemas como algo malo, sino como una oportunidad de aprendizaje.
- Conforme más alto sea el nivel de consciencia al que accedes, notarás que sientes más serenidad y aumenta tu capacidad de adaptación a diferentes circunstancias.

- Las personas ubicadas en un alto nivel de la escala se comportan como verdaderos magos que hacen que todo lo que se proponen se vuelva realidad.
- Existen tres niveles evolutivos generales:
    1. Evolución por sufrimiento. Estas personas se asumen como víctimas de las circunstancias. Culpan a los demás, se quejan todo el tiempo y constantemente se justifican.
    2. Evolución por resultados. Cuando un individuo sube al siguiente nivel deja de estar supeditado a sus circunstancias porque comienza a considerarse responsable de lo que le sucede.
    3. En la evolución por propósito, los logros importan menos que las enseñanzas que la vida nos ofrece y el cumplimiento de nuestra misión. Lo que nos sucede tiene sentido y significado, no tanto para lograr algo a futuro sino para evolucionar "aquí y ahora". El propósito está principalmente fuera de uno mismo y se haya más orientado en ayudar a otros en su propia evolución.
- El "misticismo" es el enemigo número uno de la mente porque sostiene que tú no controlas lo que sucede en tu existencia y, por el contrario, influencias externas lo dominan. Esto es un gran mito. Tú controlas tu vida, sin importar las influencias exteriores: trátese del clima, otras personas o seres, conceptos mágicos o brujería, por ejemplo.

## 9

# En sus marcas, listos… ¡Reeducación!

Tuve un maestro considerado por todos en la preparatoria un erudito: había memorizado los teléfonos de casa de más de dos mil alumnos y jugaba partidas de ajedrez en la cafetería contra cuarenta estudiantes a la vez, ganándoles a todos. En las aulas, el profesor Flores Meyer impartía interesantísimas clases de física, química y otras asignaturas de corte científico. A mis compañeros de clases y a mí nos inspiraba profunda admiración y respeto.

En una ocasión, durante una lección de química, mientras hablaba de una sustancia y sus propiedades, hizo un paréntesis para comentar que el compuesto que estudiábamos se encontraba presente en las uñas y, debido a esto, cuando una persona se comía las uñas sufría una pérdida de la memoria. Quizá te resulte divertido saberlo pero en ese momento sentí que el mundo se me venía encima, pues durante buena parte de mi vida tuve ese hábito.

Me tomé tan en serio la afirmación del profesor Flores Meyer que a partir de ese momento me sentí estúpido y me quedó claro por qué mi memoria era tan limitada y tendía a olvidarlo todo. Esa creencia me atormentó durante varios años: cada vez que necesitaba memorizar algo para un examen y sacaba mala calificación, creía que era por el daño permanente que yo mismo me había provocado al comerme las uñas. Y sufrí mucho, convencido de que dicha costumbre inducía una incapacidad intelectual.

Tan persuadido estaba y dado que era incapaz de dejar el hábito de morderme las uñas, que llegué a la conclusión de que si bien el daño estaba hecho, evitaría un incremento en la pérdida de memoria si en lugar de tragarme las uñas, las escupía.

No fue sino hasta mis veinte años tardíos, cuando comencé a estudiar desarrollo humano y me topé con información similar a la que comparto en este libro, y al cursar un programa personalizado de ayuda —para obtener lo que yo llamo "capacitación y discernimiento incrementados"—, que comprendí que el propósito del profesor Flores Meyer era solamente desincentivar el hábito entre quienes nos comíamos las uñas en su clase. Lo que seguramente el erudito nunca previó, fue el efecto negativo de implantar —al menos en mí— una creencia persistente basada en una interpretación literal de su comentario.

Entonces, para mí esta figura académica representaba una autoridad en su campo y creía sus afirmaciones al pie de la letra. Comparto esta experiencia con las uñas y el profesor Flores Meyer, que ahora me resulta sumamente divertida, porque es un ejemplo de la manera en que una idea —en ese caso la afirmación del maestro— puede echar raíces en nosotros hasta convertirse en una creencia. Si es negativa —al originar sentimientos, digamos, de inseguridad, incapacidad o vulnerabilidad— afectarán en ese sentido los resultados que obtengamos en la vida.

## El Proceso de manifestación

Para ilustrar cómo nuestras creencias influyen en nuestra vida es de mucha utilidad el concepto conocido como Proceso de manifestación. Describe el curso que siguen los seres humanos desde su mundo interior para lograr resultados en la vida o, en otras palabras, manifestar los resultados que son evidentes en el mundo exterior —y que obviamente pueden ser buenos o malos, de éxito o fracaso—, que se convierten en estilo de vida de una persona.

Dicho proceso puede expresarse de la siguiente manera:

$$P ==> P ==> S ==> A = R$$

Donde la letra R equivale a los resultados que obtiene una persona. Como ya dije, pueden ser buenos o malos, correctos o incorrectos, positivos o negativos, y definen el estilo de vida de una persona. Los resultados derivan de las acciones o actividades realizadas, simbolizadas por la letra A; es decir, si son buenas probablemente tendremos resultados positivos pero si son malas lo más seguro es que tendremos resultados negativos. En el caso de que no haya acciones, que es la otra posibilidad, simplemente no habrá resultados.

En el Proceso de Manifestación, la letra S antecede a las acciones y representa sentimientos, emociones y, al final, las actitudes de las personas, que ejercen un impacto definitivo en nuestras acciones. Las emociones o sentimientos negativos incluyen enojo, miedo, irritación, culpa, soledad, tristeza y desesperación, entre muchas otros. Las positivas incluyen alegría, entusiasmo, júbilo, amor, cariño, esperanza, seguridad y confianza.

Estos sentimientos definitivamente influyen en nuestras acciones. Pongamos el caso del conductor X, a quien de repente el conductor Y le toca el claxon en tono ofensivo. La reacción del primero es negativa: se enoja. Motivado por ese enojo, X detiene la marcha y se baja de su auto con un desarmador en la mano para agredir a Y, que lo agravió. Pero del otro vehículo descienden cuatro jóvenes musculosos —incluido el conductor Y— que vienen de hacer su rutina en un gimnasio, quienes no entienden razones y propinan una golpiza tremenda a X, que había descendido enojado de su auto.

Para el propósito del ejemplo es irrelevante si la acción de Y junto con sus compañeros fue justa o no. Lo importante aquí es que la respuesta a las acciones es generalmente positiva o negativa en función de la emoción o sentimiento que las motiva. A un sentimiento negativo suceden acciones negativas. En el ejemplo anterior el resultado fue negativo —una golpiza— para X porque su acción fue disparada por una emoción negativa.

Cuando se trata de miedo la situación es distinta. Éste paraliza, provoca que las acciones no se lleven a cabo. En consecuencia, el Proceso de manifestación se frena y por lo tanto no habrá resultados. De ahí la importancia de conquistarse a sí mismo y a la voz que es la causante del miedo. En cambio, si la emoción o sentimiento tiene una connotación positiva, ésta impactará de modo positivo las acciones y éstas, a su vez, redundarán generalmente en resultados positivos. Si una persona es amable con otra y le regala una sonrisa, esta emoción influirá positivamente en la interacción entre las dos partes (la acción), de modo que, en la mayoría de los casos, esa persona obtendrá resultados acordes con su actitud.

Ahora continuemos con la secuencia inversa para explicar el Proceso de manifestación. La letra P que antecede a los sentimientos, emociones y actitudes representa los pensamientos, que generan un efecto emocional, influyendo, como es de suponerse, en los sentimientos. Los pensamientos negativos, que como cabe esperar, son típicos de una persona de estas características, normalmente provocan sentimientos negativos, que desencadenarán una secuencia de acciones dañinas y resultados adversos en la mayoría de los casos.

En contraste, los pensamientos de alguien que tiende a ver las circunstancias considerando su aspecto más favorable y no duda de los resultados que obtendrá, engendrarán sentimientos positivos que a su vez motivarán acciones positivas, y éstas se traducirán en consecuencias que favorecen al optimista.

Es pertinente recalcar aquí que si bien los pensamientos optimistas son adecuados, es fundamental no perder contacto con la realidad, motivados por un optimismo sin fundamentos. Se trata de un fenómeno más común de lo que uno podría suponer y he observado en muchas personas. De modo que estos pensamientos deben ser "optimistas realistas". Me explico: alguien que piensa que irá mañana a la Luna suena muy optimista pero evidentemente es poco realista, a menos que sea un astronauta con años de entrenamiento y tenga un despegue programado para el día siguiente.

Pero no sugiero que nadie se prive de proponerse a sí mismo un objetivo inaudito o inverosímil si cree realmente en él. La historia de la humanidad está llena de logros que cuando alguien se los planteó como proyecto sonaban completamente irreales. Volar en avión, viajar al espacio y llegar a la Luna, son muestras de ello. No recomiendo que nadie se prive de proponerse a sí mismo llegar a la Luna. De hecho, gracias a la iniciativa Virgin Galactic, cada vez estamos más cerca hacer viajes comerciales al espacio. A lo que me refiero es a que si alguien se propone este objetivo, aunque ponga todo su empeño en lograrlo, debe saber que no sucederá de un día para otro. Como el éxito. Como subir una montaña de ocho mil metros: requiere mentalización y llevar a cabo las acciones adecuadas cuando las circunstancias se sincronizan a favor; también implica tiempo, aunque estoy convencido que éste se puede reducir considerablemente si la intención es grande. Aplaudo lo inaudito, siempre que quien se lo proponga esté dispuesto a pagar su precio.

Hasta aquí hemos establecido una secuencia lógica: los pensamientos llevan a los sentimientos, éstos a las acciones y las acciones a los resultados. Entonces es pertinente la pregunta: ¿por qué sucede que no todo el mundo tiene resultados positivos si por impulso natural todo ser humano desea que le vaya bien, lo que en sí mismo constituye un impulso positivo? Al parecer se trata de algo en apariencia impredecible e inexplicable.

La respuesta está en el elemento que antecede a los pensamientos y que llamo la programación. Ésta —la primera letra P— es el conjunto de paradigmas o ideas fijas sobre un tema que se encuentra en el subconsciente. Aquí es donde todo comienza y se originan los resultados que obtenemos en la vida, ya sea de éxito o fracaso, abundancia o escasez, mediocridad o excelencia, y cualquier matiz entre esos extremos. Para que estos programas no sigan conduciendo tu vida, aprende a manejarlos para que su aspecto negativo no siga afectándote.

## Quiero hablar con el programador

Como mencioné en el capítulo 5, las creencias adquiridas son sencillamente opiniones sólidas y mientras algunas nos empoderan, otras nos desfavorecen. En conjunto constituyen lo que se conoce como programación. Por lo tanto, habrá que trabajar en deshacernos de la programación que no nos empodera.

¿Quién nos programa? Existen básicamente tres fuentes de programación:

a) Nosotros.
b) Una figura con autoridad.
c) Los medios.

A continuación las detallo:

### a) Tú te programaste

El primer elemento de programación lo proveemos nosotros mismos, cuando en el pasado —con base en acontecimientos que nos afectaron— tomamos una decisión que quedó en nuestro interior y define y controla nuestro comportamiento.

Pondré por caso el de un niño que anda por el parque en una bicicleta, a quien un *poodle* blanco se le acerca, le ladra y alcanza a arañarle con los colmillos una pierna, aunque sin causar un daño profundo. Por el nerviosismo el pequeño se cae de la bicicleta y se golpea el brazo. Tras la experiencia, las emociones de miedo, desesperación e incapacidad orillan al niño a tomar la decisión de nunca volver a manejar una bicicleta. Cuando considera lo contrario su voz interior le dice: "¿Y si nos vuelve a perseguir un perro?", "¿Y si el perro la próxima vez es más grande?" De modo que este niño habrá tomado una decisión basada en un acontecimiento que tal vez con el tiempo olvide. Pero la decisión se mantendrá allí. Y de la misma manera que llegó a esa conclusión —en este caso: "No hay que volver a andar en bicicleta porque es peligroso"—, el mismo niño llegará a miles de conclusiones en la vida basadas en experiencias que lo afectaron de modo diferente, conformadas por múltiples características y elementos. De esta manera se crean muchos programas que luego rigen nuestros pensamientos.

Estos patrones de comportamiento no sólo se definen en la niñez. Imagina a un adulto que un día establece una sociedad para montar un negocio y con el tiempo se da cuenta de que su socio lo roba, de modo que el negocio y su amistad en poco tiempo quiebran. A partir de ahí a nivel subconsciente concluye que cometió un error al asociarse y cualquier socio será un ladrón. Y entonces decide con base en su miedo a perder dinero no volverse a asociar (en lugar de que la lección sea que el individuo con quien se juntó es un ladrón y la decisión sea no volver a hacer negocios con él). Esta impresión de que todos los socios son malos, es ahora un programa en su mente.

Los programas establecidos por decisiones previas, afectan continuamente tus pensamientos y, por tanto, tu frecuencia vibratoria o la vibración que te caracteriza como individuo y de la que hablé en el apartado sobre la intuición en el capítulo 5. Eliminar la programación desfavorable es posible pero depende de ti. Existen cursos con técnicas especializadas para conseguirlo y que abordan algunas áreas respecto al dinero y al éxito económico.

### b) Una autoridad te programó

El segundo elemento de programación lo suministran personas con gran influencia con quienes hemos entrado en contacto, y que dijeron o hicieron cosas que nos impactaron. Este tipo de figuras suelen tener una gran repercusión en nosotros, particularmente durante la infancia pero su impacto puede ser a cualquier edad.

En nuestra niñez, cualquier persona mayor podría representar un personaje de este tipo: papá, mamá, abuelos, familiares, maestros, entrenadores y en general cualquiera en una posición de mandar y hacerse obedecer. Como un policía que detiene a un joven cuando va caminando por la calle y le dice: "No camine solo por la calle." Esta posición se establece frente a nosotros cuando asumimos que nuestro interlocutor tiene un nivel de superioridad física o moral. Así, cualquiera a quien percibimos como alguien más fuerte, importante, inteligente o poderoso, es susceptible de convertirse en una figura de autoridad ante nosotros. Puede ser lo mismo un oficial de la ley que un líder religioso, un psíquico o un doctor.

Piensa un momento en la gente a la que en algún momento de tu vida has visto hacia arriba, reverenciaste, obedeciste o simplemente seguiste. Las frases, conceptos, órdenes, que gente con cierto grado de autoridad deposita en ti, te han programado.

### c) Los medios te programaron

El tercer elemento son los medios masivos: periódicos, cine, televisión, radio, revistas, música, Internet y videojuegos. Esto incluye todo tipo de contenidos, desde noticias hasta caricaturas y por supuesto la publicidad, que por medio de la repetición nos programan con creencias ajenas. Un ejemplo ocurrió en el cine hace décadas: para vender más productos, las cigarreras le pagaron secretamente a productores de Hollywood para incluir escenas con actores fumando en las películas, de modo que fumar se viera como algo positivo. Imagina un drama como éste: el protagonista de una película del viejo oeste está frente al pelotón de fusilamiento, acusado por un crimen que no cometió. Antes de ser ejecutado, al condenado a muerte le preguntan si tiene un último deseo y éste responde: "Sí, un cigarro." Lo termina y sólo un segundo antes de que el pelotón dispare, logra escapar milagrosamente con la ayuda de sus compañeros de aventuras escondidos cerca. Pero esto el protagonista no lo sabía. Para él era efectivamente su último deseo y lo que pidió no fue ver el retrato de una mujer ni un trago de whisky. Para él, lo más placentero antes de morir era un cigarro. Ese tipo de mensajes tienen como objetivo programar a la audiencia, de manera que ésta empiece a creer que fumar es lo más placentero del mundo. Ahora es más difícil ver personajes fumando en las películas porque los estudios de cine han cambiado sus prácticas, especialmente en filmes dirigidos a audiencias jóvenes. Pero la práctica de pagar por colocar productos en los medios —no sólo cine, también televisión— continúa. Se llama colocación de productos o *product placement* y sirve a marcas de todo tipo de productos, incluidos refrescos, bebidas alcohólicas, medicamentos, celulares, computadoras, alimentos y autos.

### ¿Qué te detiene para lograr el éxito en cualquier área de la vida?

Los programas implantados en nuestra mente —ya sea por nosotros mismos, una figura de autoridad o a través de la exposición a los medios— originan nuestra incapacidad para lograr el éxito en algunas o todas las áreas de nuestra vida. Estas creencias se establecieron en nosotros principalmente cuando éramos pequeños, cuando la programación entraba en nuestro subconsciente sin filtro alguno, ya que a temprana edad ni siquiera habíamos desarrollado nuestra consciencia. No obstante, la programación puede ocurrir en cualquier época de la vida, a menos de que estemos adecuadamente entrenados y provistos con datos fundamentados, fidedignos y sólidos que nos permitan descartar la información inconveniente para nosotros.

Un ejemplo: piensa un momento en lo que dices a tus hijos, si los tienes, cada vez que te piden algo, o qué te decían tus padres cuando de niño les pedías algo. Lo más probable es que fuera la respuesta más común: "No hay dinero." Esta respuesta refleja un dominio de la mente subconsciente respecto al dinero, que en este caso se orienta hacia la escasez. Si lo analizas un momento, dicha respuesta no es muy diferente a decirle "No se puede" a una persona que se propone lograr un objetivo.

Pero qué hubiera pasado si en lugar de "No hay dinero" tus papás te hubieran contestado o tú les dijeras a tus hijos: "Busquemos un mecanismo para obtener dinero y adquirir eso que quieres."

## El subconsciente, el éxito y el dinero

Para este apartado me valdré de los conocimientos que T. Harv Eker —uno de mis mentores— expone en su libro *Los secretos de la mente millonaria*. Este autor y entrenador aborda de manera magistral el tema y por eso considero pertinente retomarlo aquí. Cada vez que recibes una cantidad de dinero, ¿qué piensas? Es decir, ¿qué pensamientos tienes acerca del dinero y de los negocios? T. Harv Eker plantea: "¿Es acaso posible que algunas programaciones se te hayan grabado cuando de pequeño escuchaste mensajes provenientes de personas con autoridad en relación al dinero, al éxito, a la riqueza y la gente rica?"

Y a continuación el autor canadiense plantea que quizá alguna vez oíste expresiones como:

"El dinero es el origen de todos los males."
"Los ricos son avariciosos y mezquinos."
"Los ricos son malvados."
"Está podrido en dinero."
"Hay que trabajar mucho para ganar dinero."
"No puedes ser rico y espiritual."
"Los ricos son cada vez más ricos y los pobres cada vez más pobres."
"No todo el mundo puede ser rico."
"No hay suficiente riqueza para llegar a todos."
Y una de las peores:
"Eso no es para nosotros."

Así que reflexiona: ¿qué te inculcaron de pequeño?, ¿qué archivos de la riqueza y del éxito tienes?

Además de las opiniones, continúa Eker, uno es influido y programado con modelos de comportamiento de personas con autoridad. Esos comportamientos ahora tú los llevas a cabo. ¿Durante tu infancia cómo eran tus padres o con quienes vivías respecto al dinero o al éxito?, ¿uno de ellos o ambos administraban bien su dinero o lo hacían mal?, ¿gastaban mucho o eran ahorradores?, ¿eran hábiles inversionistas o no invertían?, ¿asumían riesgos o eran conservadores?, ¿había constantemente dinero o era más bien escaso? ¿El dinero o el éxito llegaba con facilidad a tu familia o siempre se luchaba por conseguirlo? ¿El dinero era una fuente de alegría en casa o causa de amargas discusiones?

Esta información es importante porque los hijos tienden a imitar comportamientos: aprendemos todos los modelos que tenemos a nuestro alrededor. No es fortuito el refrán: "De tal palo, tal astilla."

Hay una historia a propósito de cómo los hijos imitan lo que ven en casa, sin cuestionarlo: una señora preparaba un suculento jamón, receta familiar heredada de la madre. Como era tradicional, antes de meter la pierna al horno le cortaba ambos extremos. Un día su marido, quien no comprendía la razón de ser de tal acto, le pregunta por qué procedía de esa manera. Y la respuesta de su mujer fue: "Así lo hacía mi mamá." Cuando ambos visitaron a la mamá de ella, su yerno le preguntó por qué cortaba los extremos de la pierna de jamón. Y su suegra le contestó: "Así lo hacía mi mamá." Entonces la pareja llama a la abuela de ella para preguntarle por qué cortaba los extremos del jamón. Y ella explica: "Es que mi horno era demasiado pequeño."

El punto fundamental de esta historia es que, en general, tendemos a ser idénticos a uno de nuestros padres o bien adoptamos una actitud que combina la que cada uno de ellos tenía, o incorporamos prácticas que le aprendimos a alguna otra persona con autoridad. Y lo hacemos de cara a innumerables aspectos, incluido el dinero.

Claro, también se dan casos de individuos que se convierten en algo totalmente opuesto a lo que fueron uno o ambos padres. ¿A qué se debe esto? A ira y rebeldía. Y entonces, con odio y coraje, si sus papás pasaron apuros económicos cuando ellos eran niños, podrían haber dicho: "Nunca seré como ustedes; cuando crezca, voy a ser rico." Y lo consiguen pero normalmente no son felices porque la raíz de su riqueza o de su motivación por el dinero viene de la ira y el resentimiento.

Y cuando se dan cuenta de que ese rencor los daña, deciden deshacerse de él. Pero está tan ligado al dinero, que también se deshacen de su riqueza. Y en lugar de mejorar, empeoran por efecto de la mente subconsciente.

De lo anterior se deduce que si la motivación para el éxito y el dinero proviene de un sentimiento, emoción o actitud negativa como el miedo, la rabia, o la necesidad de demostrar cuánto vale uno, el dinero y el éxito nunca proporcionan felicidad.

Y ya que mencioné el miedo, algunos creen que más dinero acabará con el temor, pero si éste nos mueve en la vida es común que la gente, aunque aún no tenga dinero, o suponiendo que ya lo consiguió, piense cosas como: "¿Y si pierdo lo que he ganado?", "Todos van a querer lo que ahora tengo" o "Los impuestos me van a acabar", y estará saboteando a sí mismo su capacidad de hacer dinero. De modo que debes tener conciencia de que hay problemas que el dinero y el éxito no resuelven. Y si deseas ser feliz, primero debes acabar con la raíz de esa mala yerba, tus temores. Por eso Eker afirma:

*Tu mundo interior es el causante de tu mundo exterior.*
*Las raíces crean los frutos.*

Deepak Chopra afirma: "La consciencia existe en cada célula de nuestro cuerpo y en cada partícula del universo." En otras palabras, cada célula de nuestro cuerpo tiene conocimiento de nuestros pensamientos y sentimientos, influidos por nuestras creencias, y en consecuencia, si alguien rechaza el dinero por considerarlo sucio o malo, provocará situaciones que pueden inclusive, afectar su salud para no obtenerlo.

Conozco personas que cuando emprenden acciones para tener dinero se accidentan. Por ejemplo, se rompen una pierna. El caso es que su cuerpo sufre un daño, de una u otra manera, debido a esos pensamientos que en lugar de empoderarlos, los desfavorecen.

Tengo un negocio que promueve la obtención de libertad financiera, al que invitamos a la gente para tener tiempo y dinero, que es una combinación muy interesante a la que muchos aspiran. Muchas de estas personas se emocionan pero cuando se deciden, algo les sucede a nivel de su salud. Es un fenómeno inconsciente: su programación les impide llevar a cabo las acciones para lograr riqueza y éxito.

A veces los individuos en esta circunstancia llegan al extremo de enviarse al hospital para no lograr los resultados o el éxito que buscan. Por ejemplo, atletas que buscan destacar en un deporte, se accidentan, se fracturan un pie o se luxan y dejan de competir, de manera que no alcanzan el triunfo.

No todos los casos son dramáticos. Lo que aquí importa es saber que la gente se detiene o frena físicamente a sí misma, porque es el cuerpo el que llevará a cabo la acción para lograr los resultados que supuestamente buscan, pero que a nivel subconsciente rechazan.

## Las cuatro fases para reeducar la mente

Una vez consciente de la programación recibida, puedes verla como lo que realmente es: una grabación de información que recibiste y creíste en el pasado. La mayoría de las veces dicha información llegó a ti demasiado joven o inocente para discernir si te favorecía o no.

Entonces te das cuenta de que ese condicionamiento no eres tú, sino quien aprendiste a ser. El valor de las creencias que dan forma a dicho condicionamiento es relativo: su importancia o significado está en función de la trascendencia que les des.

Por supuesto, la genética tiene cierto rol en definir quiénes somos, así como los aspectos espirituales, pero la realidad es que gran parte de lo que determina lo que tú eres procede de las creencias y la información que otras personas te dieron.

Reitero: dichas creencias no son necesariamente verdaderas o falsas, correctas o incorrectas, sino que, independientemente de su validez, son en esencia opiniones muy sólidas transmitidas de generación en generación hasta llegar a ti. Al saber lo anterior, surge la posibilidad de decidir conscientemente liberarse de cualquier creencia o forma de ser que no contribuya a tu éxito y riqueza, y sustituirla por una que sí lo haga. Las creencias pueden llevarte a la felicidad, prosperidad y abundancia o bien, alejarte de ellas. Te dan poder o te lo quitan, por eso elige tus creencias con sabiduría.

Por tanto, mi recomendación es que cuestiones cualquier creencia que tengas actualmente en relación con tu éxito. Deshazte de las que no te sirvan y conserva y adopta las que te auxilien: creencias de éxito, riqueza y abundancia. Por tanto, deja de hacer "lo correcto", que más bien es dejarlo de hacer a tu manera, si no te funciona, si aún no tienes lo que deseas y no has obtenido el éxito en las áreas de tu interés. Mejor piensa una manera diferente de hacer las cosas, especialmente aprendiéndola de alguien que tenga éxito y abundancia, pero además haya encaminado a otros hacia esos logros.

En el Diplomado de Mentalidad de Abundancia hablamos del Patrón del dinero, es decir, la programación que la gente tiene para ganar dinero; hay gente programada para ganar siempre el sueldo mínimo toda su vida y aunque desee y necesite más, esa programación lo limita.

En otros su medida se encuentra entre trescientos y mil dólares mensuales, otros, cuyo patrón está entre mil y tres mil dólares, y hay personas con patrones de diez mil a veinte mil dólares, de cientos de miles de dólares y millones de dólares cada mes. El Patrón del dinero, como cualquier programación, es susceptible de modificarse, y estos cambios y aprendizajes ayudan en muchos aspectos a nuestros estudiantes a lograrlo de manera acelerada, por medio de acciones y procedimientos simples pero potentes. La falta de dinero no es problema, es un síntoma de tu programación.

Hay cuatro elementos clave para el cambio de programación:

1. Hacer consciencia o darse cuenta
2. Comprensión
3. Disociación
4. Reeducación

Cada uno es esencial para la reeducación de tu patrón del dinero y tu éxito en general. Son sencillos pero muy eficaces.

1.  El primer elemento de cambio y modificación de tu programación es hacer conciencia o darse cuenta de que nada se puede cambiar a menos que sepas que existe. Así que deberás identificar tu programación y analizar si tu manera de pensar te está llevando a los resultados que deseas o no. Respecto a esta programación, generalmente estás en incompetencia inconsciente o no sabes que no sabes y por lo tanto no habría nada que cambiar.

2.  La comprensión implica entender cuál es el origen de tu manera de pensar y reconocer que no es tuya, sino de alguien más, trátese de una figura con autoridad, los medios, o de ti mismo cuando tomaste una

decisión que en realidad —al examinarla ahora— no te conviene.

3. La disociación involucra determinar, una vez que te das cuenta de que la forma de pensar en cuestión no es tuya, si conservas tus paradigmas o te deshaces de ellos, con base en quién eres tú en la actualidad y dónde deseas estar mañana (tus objetivos a futuro). La información que ahora posees gracias a la lectura de estas páginas, te ayudará a decidir qué patrones ya no te sirven, pues no te favorecen en tu camino al éxito, aunque en el pasado pudieran haber sido útiles.

4. Finalmente, a través de la reeducación, sustituyes los patrones obsoletos por otros que te empoderan y favorecen para alcanzar cualquier cosa que te propongas. El libro que tienes en tus manos, constituye en sí mismo una guía para propiciar nuevas creencias, pensamientos y hábitos favorables que te permitan alcanzar el éxito, la riqueza y la abundancia.

A continuación compartiré una lista de patrones relacionados con el dinero y el éxito que contrastan a quienes ganan mucho dinero y tienen mucho éxito con gente que gana poco y alcanza poco o nulo éxito. Estos comportamientos se explican ampliamente en el libro *Los secretos de la mente millonaria*, cuya lectura recomiendo a cualquiera que desee incrementar aún más sus habilidades para conseguir el éxito.

Pero antes quisiera aclarar que no tengo nada en contra de la gente pobre o de clase media, pues tienen el mismo valor en la existencia que todos los seres humanos. La única diferencia notable en términos esenciales entre una persona pobre o de ingresos medios y un individuo próspero, es la manera de pensar, actuar y sentir entre uno y otro.

Ten en cuenta que la reeducación, la cuarta fase clave para el cambio, para propósitos de alcanzar el éxito y la riqueza, involucra sustituir una mentalidad propia de la gente pobre y sin éxito por un enfoque común en la gente rica y exitosa:

### La gente rica y exitosa
1. Piensa: "Yo creo mi vida" (se asume responsable de su vida).
2. Juega el juego del dinero para ganar.
3. Se compromete a ser rica y tener éxito.
4. Piensa en grande.
5. Se centra en las oportunidades.
6. Admira a la gente rica y próspera.
7. Se relaciona con personas positivas y prósperas.
8. Está dispuesta a promocionarse ella misma y a que le promuevan algo.
9. Escoge que se le pague por resultados.
10. Administra bien su dinero.
11. Actúa a pesar del miedo.
12. Aprende y crece constantemente.

### La gente pobre y sin éxito
1. Piensa: "La vida es algo que me sucede" (se considera una víctima).
2. Juega el juego del dinero para no perder.
3. Desearía ser rica y tener éxito.
4. Piensa en pequeño.
5. Se centra en los obstáculos.
6. Critica a la gente rica y próspera.
7. Se relaciona con personas negativas y sin éxito.
8. Piensa de modo negativo con respecto a las ventas y a que le promuevan algo.
9. Escoge que se le pague por tiempo invertido.
10. Administra mal su dinero.
11. Deja que el miedo la detenga.
12. Piensa que ya lo sabe.

**Reformatea el disco duro**

Una forma de reeducar la mente es mediante una declaración que representa lo opuesto al programa o creencia negativa que está desapareciendo. En este caso hacer una declaración consiste en remplazar una creencia por otra nueva y una orden que nos empodere. Un ejemplo de lo anterior sería sustituir una creencia como "Yo no puedo hacerlo" por "Yo sí puedo hacerlo" y establecer un dialogo interior que siempre te empodere.

Una declaración se hace expresando en voz alta y con énfasis una sentencia positiva, misma que con su vibración impacta cada una de nuestras células, crea nuevos circuitos neuronales, impacta nuestro subconsciente y manda un poderoso mensaje al universo.

De esta manera, es posible hacer declaraciones relacionadas a partir de los patrones que caracterizan a la gente exitosa y rica. Y mientras las repites en voz alta varias veces al día te estarás reprogramando:

"Yo creo mi vida, yo soy responsable de mi vida."

"Yo juego el juego del dinero para ganar."

"Yo me comprometo a ser rico y tener éxito."

"Yo pienso en grande."

"Yo me centro en las oportunidades."

"Yo admiro a la gente rica y próspera."

"Yo me relaciono con personas positivas y prósperas."

"Yo estoy dispuesto a promocionarme a mí mismo y a que me promuevan algo."

"Yo escojo que se me pague por resultados."

"Yo administro bien mi dinero."

"Yo actúo a pesar del miedo."

"Yo aprendo y crezco constantemente."

Hay una máxima en la filosofía Zen que dice: "Como haces una cosa haces cualquier cosa." Su significado es que la forma en que manejas y resuelves una situación, reto o experiencia de la vida, es como probablemente encaras el resto. Todos somos seres de hábitos. Y si son negativos, te seguirán dominando a menos que los cambies.

Tenemos patrones, juicios y hábitos respecto a todo, incluidas las relaciones interpersonales, el trato con la pareja y los hijos, la salud, la manera de comer y el manejo del dinero. Y todos, sin excepción, están filtrados por nuestras creencias, sean positivas y que nos empoderan o negativas y que nos desfavorecen.

Continuamente estamos expuestos a información nueva y mientras mejor preparado estés —con conocimientos apropiados para triunfar en cualquier área de la vida y lograr en consecuencia ser, hacer y tener cualquier cosa que desees—, tendrás una mejor capacidad para establecer un filtro de manera consciente y decidir qué ideas entran a tu mente y cuáles descartar. Así tendrás un poder de elección para que si llegan mensajes positivos alineados con tu mentalidad de abundancia, los aceptes. Y si llegan mensajes contrapuestos a una actitud enfocada al éxito, no los dejes pasar.

Volvamos ahora al Proceso de manifestación. Ya establecí que existe una relación de causa y efecto entre nuestro mundo interior y exterior: el primero es causante del segundo. En el proceso P -> P -> S -> A = R, los tres primeros —programación, pensamientos y sentimientos— corresponden al mundo interior de las personas, en tanto que los resultados corresponden al exterior. Pero entonces, ¿dónde ubicamos las acciones? Éstas son el puente que une los mundos interior y exterior. Las acciones, al final, se traducen directamente en resultados positivos, negativos o nulos. Imagina que identificas la programación negativa que te impide lograr el éxito. Supón que identificas su origen y logras disociarla, para luego reeducar tu mente con creencias favorecedoras, que potencian tu éxito. ¿Puedes visualizar los resultados tan maravillosos que lograrías?

*Aplasta al bicho y concéntrate en tus sueños*

¿Con qué frecuencia te ocurre que al encarar un reto, voces en tu cabeza comienzan a opinar? Y te cuestionan o subestiman al decir cosas como: "¡No puedes hacerlo!", "¿Qué te hace creer que puedes hacerlo?", "¡Careces de la educación!", "¡Esto nunca funcionará para ti!", "¡Esto es un fraude!", "¡No va a funcionar, nunca es así de fácil!" o "¡Esto es muy difícil!"

Esas voces expresan pensamientos y sentimientos negativos, a partir de programas desfavorecedores.

Cuando esas voces se presenten, imagina que provienen de una hormiga o una cucaracha, algo diminuto que podrías pisar en cualquier momento pero no lo haces. La forma para librarse de ellas es dejarlas hablar hasta que acaben, porque tarde o temprano pararán. Dile incluso que no pare, que te dé más y más información, te diga que todo saldrá mal y todas las razones por las que no lograrás tu objetivo. ¡Rétala a que siga hasta que no tenga nada más que opinar! Y entonces, de modo similar a tu vigía o voz del miedo, dile a ese bicho: "Gracias por compartir" o "¡Cancelado, cancelado!" Prueba esta técnica y verás qué rápida y poderosa es.

La clave para contrarrestar tus programas negativos es afrontarlos y luego admitirlos, reconocerlos y aceptarlos, para tomar control total y autoridad sobre ellos. Sabe que tú puedes y debes estar en control. Los programas no te controlan a ti a menos que tú lo permitas.

Al decirle "Gracias por compartir" o "¡Cancelado, cancelado!", realiza un ademán imaginando que tiras al suelo a esa hormiga o cucaracha y la apachurras con el pie: simbólicamente aplastas al bicho y entonces tu mente consciente toma control de nuevo sobre los programas y ya no tienen más poder o efecto sobre ti.

Una vez recuperado el control, remplaza el programa con otro nuevo que te empodere. Por ejemplo, si el programa te dice: "Tú no tienes suficiente educación" o "No puedes hacerlo", después de decirle, "Gracias por compartir" o "¡Cancelado, cancelado!", y apachurrar el bicho, es necesario reemplazarlo con una frase opuesta que te empodere, diciendo: "Yo estoy muy bien educado" o "Yo puedo hacerlo".

Debes sustituir el programa verbalmente, dando una nueva orden en voz alta. Ésta es una declaración que reeduca tu mente y que, a través de la repetición, creará un circuito neuronal para generar una competencia inconsciente o un conocimiento en piloto automático, para decirte: "Yo puedo hacerlo", "Yo tengo lo necesario", "Soy un campeón", "Soy un ganador", "Yo todo lo supero", "Yo siempre gano", "Soy el más suertudo del mundo", "A mí todo me funciona", "Todo me sale bien" y "Qué feliz soy".

Debes creer en esta nueva programación. No digas "Soy un multimillonario", sobre todo si ni siquiera tienes un millón. Ni siquiera digas "Soy un millonario" si no lo crees. Empieza por algo más verosímil. Si te repites "Estoy libre de deudas" y puedes creerlo, remplazarás un programa que te condiciona a vivir constantemente endeudado. Otra forma de desactivar los programas desfavorables es enfocándote constantemente en tus sueños, metas y objetivos. Porque, como dijo Earl Nightingale: "Nos convertimos en lo que pensamos la mayor parte del tiempo."

Para ayudarte en esta tarea: pega en un lugar visible una cartulina con tus objetivos recortados, fotografiados y escritos. Y también crea una carpeta de sueños y objetivos también con imágenes, fotos y escritos que consultes en cualquier momento del día para que te recuerden lo que deseas o te has propuesto. Recuerda: en lo que pienses la mayor parte del tiempo es lo que logras o en lo que te conviertes.

Además, sigue las técnicas y sugerencias de este libro: reléelo; ten un mentor que esté donde tú quieres estar; estudia; asiste a seminarios y eventos, y relaciónate con gente positiva, visitando sus casas y procurando proximidad física con ellos, en comidas, reuniones, seminarios, convenciones o en cualquier oportunidad. Todo ello ayuda a eliminar la programación negativa porque desarrollas nuevos patrones, nuevos circuitos neuronales, nuevas vibraciones en tu ADN que remplazan las vibraciones negativas, circuitos neuronales obsoletos que no te empoderan y patrones desfavorables. Si te mantienes disciplinado, aprendiendo y aplicando los conocimientos que estas páginas proponen, es muy difícil que los viejos programas se mantengan activos.

Supongamos que tienes la oportunidad de estudiar durante doce meses los hábitos de una persona exitosa. Encontrarás que tiene muchos de los aquí propuestos: se prepara constantemente, invierte tiempo en leer, escuchar audios y asistir a reuniones; se relaciona bien, con la gente adecuada; lleva a cabo una construcción de sueños o visualización, al visitar lugares donde está lo que desea obtener y le toma fotos o se hace selfies con su sueño y arma con estas imágenes —así como recortes, dibujos y escritos— una carpeta de metas y objetivos. Una persona exitosa también hojea revistas enfocadas en el lujo (no necesariamente con el objetivo de adquirir los bienes ahí publicitados sino reflexionar en que si lo que ahí se anuncia existe, es porque alguien lo puede adquirir) para así estimular la decisión de que ella puede aspirar a una vida mejor, igual que otros. Asimismo, elogia sinceramente los logros de los demás y recibe elogios por los suyos sin jactancia. Pero sobre todo, hace de estos actos una práctica consistente. Son sus hábitos. Y los refuerza más tiempo y de mejor manera que otros y gracias a ello destierra los programas que le restan poder. Fue capaz de desconectarlos, desactivarlos y reemplazarlos con programas nuevos y positivos. De modo que estas personas no se paralizan ni se van en picada y se mueven siempre hacia delante.

Además de sustituir programas que no te favorecen y encauzar tus pensamientos hacia tus sueños, constituye un factor fundamental gozar de una salud óptima y altos niveles de energía física para contrarrestar más fácilmente una programación negativa. Como establecimos antes: el cuerpo es el instrumento de la mente. Por eso, para realizar sueños y metas, es primordial cuidar nuestro bienestar físico. Esto incluye hacer ejercicio y alimentarse adecuadamente. Lanzarse a la conquista acelerada de tus sueños requiere mucha energía y es una pena verse limitados a la hora de echar mano de ella, por no cuidar adecuadamente de nuestro cuerpo.

## IDEAS PODEROSAS DEL CAPÍTULO 9

- La información proporcionada por una persona de autoridad, considerada como tal desde nuestro punto de vista, puede echar raíces en nosotros hasta convertirse en una creencia. Si es negativa o positiva, ésta afectará en ese sentido los resultados que obtengamos en la vida.
- El proceso de manifestación describe el curso que siguen los seres humanos desde su mundo interior para lograr resultados en su vida.
- La programación te lleva a los pensamientos, éstos a los sentimientos, que te llevan a las acciones y éstas a los resultados o al estilo de vida que tenemos.
- ¿Quién nos programa? Existen básicamente tres fuentes de programación.
  - **a)** Nosotros.
  - b) Una figura con autoridad.
  - c) Los medios.
- Los programas implantados en nuestra mente, originan nuestra incapacidad para lograr el éxito en algunas o todas las áreas de nuestra vida.
- Ciertas creencias se establecieron en nosotros principalmente cuando éramos pequeños, cuando la programación entraba en nuestro subconsciente sin filtro alguno ya que a temprana edad ni siquiera habíamos desarrollado nuestra consciencia.
- La programación puede ocurrir en cualquier época de la vida. A menos que estemos adecuadamente entrenados y provistos con datos fundamentados, fidedignos y sólidos que nos permitan descartar la información inconveniente para nosotros.

- Es probable que de pequeño hayas escuchado mensajes negativos respecto al dinero, a la riqueza o la gente rica y que ahora influyen para no tener dinero y abundancia.
- También pudimos recibir la influencia de modelos de comportamiento de personas con autoridad, y estos comportamientos aún los llevamos a cabo, algunos pueden ser negativos o no *empoderantes* y alejan de nosotros el dinero y la abundancia.
- Hay problemas que el dinero y el éxito no resuelven, si estos dos han sido adquiridos con resentimiento, temor, ira o algún otro sentimiento negativo.
- Tu mundo interior es causante de tu mundo exterior.
- Las raíces crean los frutos.
- Una vez consciente de la programación recibida, sabrás que es una información que recibiste y creíste en el pasado y a veces no comprendiste si te servía o no.
- Hay cuatro elementos clave para el cambio de programación:
    1. Hacer consciencia o darse cuenta que la creencias no te sirven basado en la evidencia de los resultados hasta ahora obtenidos.
    2. Comprensión de que esas creencias eran de alguien más.
    3. Disociación. Es la decisión de deshacerse de esas creencias.
    4. Reeducación. Es la sustitución de patrones obsoletos por otros que empoderan y favorecen.
- "Como haces una cosa haces cualquier cosa." Todos somos seres de hábitos, lo que significa que la forma en que manejas y resuelves una situación, reto o experiencia de vida, es como probablemente encaras el resto.
- En el proceso de manifestación, la programación, los pensamientos y los sentimientos son el mundo interior y los resultados son el mundo exterior, mientras que las acciones son el puente que une los mundos interior y exterior.

- Cuando lleguen pensamientos negativos a tu mente, repite: "Gracias por compartir", o "¡Cancelado, cancelado, cancelado!", y haz un ademán para matar "al bicho" y entonces substituye ese pensamiento con una nueva orden positiva, en voz alta, que reeduque tu mente.
- Nos convertimos en lo que pensamos la mayor parte del tiempo.
- Ten un mentor que esté donde tú quieras estar, asiste a eventos y seminarios, relaciónate con gente positiva, todo ayuda a eliminar la programación negativa.
- También es un factor fundamental gozar de una salud óptima y altos niveles de energía física, haciendo ejercicio y alimentándose adecuadamente.

## 10

# Cuánto vale tu palabra

En una ocasión Agustín, un amigo muy querido que vive en Estados Unidos, me contó que se había involucrado en un negocio para establecer una cadena de restaurantes. Invirtió varios cientos de miles de dólares para pagar a un arquitecto que diseñara los planos de las unidades y a un equipo de abogados, para elaborar contratos. Su socio, responsable de negociar un préstamo con un banco para financiar la expansión de la cadena, le aseguró que obtener el crédito bancario sería puro trámite, ya con el diseño de los restaurantes y el plan de negocios. Y que si la operación no se daba, Agustín tendría su dinero de regreso. Pero esto no sucedió y cuatro años después la situación seguía sin resolverse. Había perdido su inversión.

Entonces le dije:

—Qué "mala onda" que tu socio no mantuviera su compromiso de llevar a cabo el negocio o regresarte ese dinero.

—Es mi culpa —me contestó él.

—Pero si no hiciste nada mal —insistí. Lo estaba retando.

Y entonces comentó:

—Es mi culpa, tal vez no debí meterme en este negocio o debí involucrarme más a fondo para asegurarme de que mi dinero regresaría. No es su culpa, es mía.

Precisamente gracias a esa mentalidad, él es exitoso y próspero: ha tomado la total responsabilidad sobre su vida. En este caso su acuerdo fue roto consigo mismo, es decir, "ver de regreso con rendimientos su inversión". Pero esto no ocurrió. Mi amigo reconoce el hecho y asume la responsabilidad de un acuerdo, pero la responsabilidad sólo es suya, incluso en este caso en que sería extremadamente fácil también culpar a alguien más.

La historia anterior viene a cuento porque además de la programación en sus tres modalidades —implantada en la mente, ya sea por nosotros mismos, una figura de autoridad o a través de la exposición a medios—, otra razón que incapacita a un individuo para la acción en su vida y estancarse o vivir en una especie de parálisis o, de plano, caer en picada, es el pernicioso hábito de romper o no cumplir acuerdos.

Entendamos por este comportamiento la no observancia por parte de una persona de los pactos que convino, ya sea con ella misma o con otra persona, caracterizada por la falta de reconocimiento de su falta y por aceptar la responsabilidad que implica.

El incumplimiento de acuerdos con uno mismo y con otros te pone en riesgo de no lograr tus sueños, no integrarte en el juego en el que quisieras estar, cualquiera que éste sea, ni estar en posición de aplicar el conocimiento de este libro —o para el caso, cualquier otro aprendizaje útil— en el mundo real. En una palabra, se trata de un autosabotaje.

Por eso, si se tiene el hábito de faltar a un compromiso, cuando se trata de uno establecido con uno mismo, resulta benéfico establecer convenios fáciles de cumplir, porque al hacerlo, el logro te pone en una tendencia ascendente. Si le dices a alguien en el trabajo: "Tendré este reporte al final del día", y lo haces, está muy bien. Estás cumpliendo un acuerdo. Pero si antes de comprometerte consideras que es poco viable concluir la tarea, es perfectamente válido advertirle a tu colega que no sabes si podrás terminarlo para entonces, pero en la noche le informarás de tu avance. Por la tarde, si aún no has finiquitado el trabajo, le dirás que todavía no lo tienes listo, lo tendrás al final de la semana. Y al día siguiente le das un nuevo reporte de avance, y efectivamente das seguimiento a tu promesa. De esta manera, estableciste acuerdos que cumples fácilmente para no irte en picada.

En el caso de las citas, si la contraparte acepta, también es igualmente válido en caso de que no estés seguro de llegar a una hora definida, acuerda una prórroga. Es decir, en lugar de llegar a las once treinta de la mañana, establecer tu arribo entre las once treinta y el mediodía. Eso construye un margen razonable, por ejemplo, si vienes de otra cita que no sabes si se alargará y ponderas factores como el tránsito. Eso sí, el margen no equivale a una licencia para romper el acuerdo. No debes llegar después de las doce del día.

Es conveniente aclarar una diferencia entre romper un compromiso y tomar la decisión consciente de no mantenerlo.

Supongamos que hablas con un amigo de visita en la ciudad y convienen en cenar el viernes. Decidiste ir a la cena ese día, pero el jueves la salud de tu abuela decae y la hospitalizan. Tú quieres ver a tu amigo pero prefieres hacerle compañía a tu abuela. Esta nueva decisión involucra cambiar el acuerdo establecido. Si bien no honrarás el acuerdo con tu amigo, en este caso, no se considera un acuerdo roto, ya que conscientemente tomaste la determinación de no cumplir ese compromiso e informaste a la otra parte de tu determinación. Romper un acuerdo es malo pero hacer un cambio por anticipado es un comportamiento aceptable.

Pongamos por caso un acuerdo establecido con un Banco. Por ejemplo, un préstamo. El compromiso que un individuo asume es pagar el capital y los intereses en un periodo determinado. ¿Qué ocurre si el deudor no paga? Queda mal con el banco y su reputación crediticia se ve impactada negativamente. Pero no sólo eso, el efecto del acuerdo roto es el mismo, sin importar si se trata de un compromiso asumido con una persona en el que va nuestra palabra de por medio o una institución con la que firmamos un contrato.

Cuando rompes un acuerdo deliberadamente, si no deseas irte en picada, reconocerás que no honraste tu compromiso, aceptando la responsabilidad de tu acto, en lugar de poner pretextos o justificaciones. No somos perfectos. Somos humanos. Y como tales fallamos. Sin embargo, para evitar una parálisis o, peor aún, un declive en nuestra ruta hacia el éxito, es necesario tener consciencia del error y aceptarlo, según sea el caso, contigo mismo o ante la persona a la que fallamos y asumir las consecuencias. Convertir esta práctica en hábito, impedirá que te hundas en un pantano de conflictos que te inmovilizan y, además, influirá positivamente en ti, de manera que con el tiempo observarás que rompes menos acuerdos. Con práctica, te volverás capaz de decidir conscientemente si no deseas o no puedes cumplir un acuerdo, evitando en el futuro una caída en picada.

Por supuesto, lo ideal será respetar un convenio, pues los riesgos de cambiarlo y, no se diga, romperlo, son variados. No obstante si resulta imposible cumplir, reconócelo y acepta tu responsabilidad en el momento y haz otro acuerdo viable. En el caso de un banco esto equivale a negociar una restructuración financiera del préstamo, en lugar de esconderse del acreedor. O piensa en el caso hipotético en que avisaste y te disculpaste con tu amigo el viernes en la noche para ver a tu abuela hospitalizada. Una cancelación oportuna es preferible a dejar a alguien plantado.

Que quede claro que fallar es posible. La clave para superar la falla es reconocerlo y aceptar la responsabilidad; y entonces sí, sigue adelante, en lugar de quedarte colgado de la falla.

¿Por qué los acuerdos rotos pueden generarnos una debacle? Al faltar a nuestros compromisos se activan programas mentales que te impiden alcanzar el éxito y propician en ti el autosabotaje: esta programación te empuja a hacer cosas indebidas o te dificulta hacer las que debieras.

Supongamos que un día decides iniciar un programa de ejercicio para mejorar tu condición física. Comienzas con mucho entusiasmo a primera hora del lunes y te sientes muy bien.

Continúas la disciplina hasta el miércoles y te sientes satisfecho. Pero el jueves decides no levantarte. Te vas a trabajar sin haberte ejercitado y cuando regresas a casa, aunque tienes tiempo, en vez de entrenarte pasas cinco horas viendo televisión y comiendo helado.

Cuando rompiste tu acuerdo, se activó un programa que te impidió hacer ejercicio por la tarde y luego otro que te llevó a pasar cinco horas frente al televisor y comer helado. ¿El resultado? Un autosabotaje: dejaste de hacer algo que querías o debías llevar a cabo y ciertos programas te llevaron a hacer cosas que no deseabas. En términos de éxito, por ejemplo, si te iniciaste en un programa educativo y te comprometiste contigo mismo a leer libros, escuchar audios y asistir a reuniones pero no lo haces como acordaste, entonces activarás programas que te bloquearán en tu camino al éxito y no tardarás en paralizarte e irte en picada.

Además, despreciar los pactos activa programas negativos, porque todos los acuerdos rotos se alinean energéticamente en cadena, creando un patrón de actividad de resultados perjudiciales. En otras palabras, esta mala costumbre frena a la gente, le impide seguir adelante, la bloquea para lograr sus sueños. Y después las personas caen en picada.

Suena complejo, así que lo pondré en términos más simples: al romper acuerdos sabemos —somos conscientes— de que hicimos algo mal. Y si no lo reconocemos ni aceptamos la responsabilidad de nuestro acto, estos sucesos se acumulan. Con el tiempo, cumplir acuerdos —los realmente importantes— nos resultará difícil porque habremos comenzado a pensar y, después, a creer (a nivel inconsciente) que somos incapaces de asumir un compromiso, que no somos confiables y nuestra palabra no vale. Y entonces nos empantanaremos en programas negativos.

## Acuerdos rotos en retrospectiva

Ahora bien, si nuestros acuerdos rotos están de alguna manera enlazados, ¿qué ocurre con uno roto hace mucho tiempo y que podría ser fuente de programas negativos? ¿Cómo reconocemos y tomamos responsabilidad por pactos no honrados años atrás?

Es más sencillo y fácil de lo que te imaginas: basta con ir mentalmente hacia atrás en el tiempo y visualizar el momento en que lo rompiste. Una vez visualizado, admítelo y acepta tu responsabilidad. Entonces, mágicamente, eliminarás los efectos negativos creados en ese momento.

Si te pido que pienses en un acuerdo roto, digamos, a los cinco, diez o veinte años de edad, que no reconociste ni aceptaste tu responsabilidad por el daño causado entonces y que quizá, incluso, justificaste, ¿qué viene a tu mente? Piensa un momento: ahora eres otra persona, con una consciencia incrementada. ¿Puedes comprender la magnitud de tu falta? ¿Eres capaz de intuir el efecto que dicho rompimiento tuvo en ti? Si ahora lo visualizas —no hay necesidad de que llames a la persona afectada, después de todo quizá ya no forme parte de tu vida— puedes resolver este asunto pendiente de tu pasado de la manera planteada. Visualiza tu acuerdo roto y a la persona afectada como si la vieras cara a cara, reconoce tu falta y acepta tu responsabilidad por el daño causado.

De esta manera, eliminarás el efecto negativo y borrarás toda la cadena de otros pactos rotos. Esto te cambiará la vida.

Limpiar los acuerdos rotos del pasado detiene el ciclo de parálisis y caída en picada que un ser humano puede sufrir en su vida y le libera de estar detenido y afectado por los programas negativos activados. De ahí la importancia de reparar simbólicamente estos daños. Esto libera la energía del acontecimiento y corrige el problema.

Vale la pena invertir tiempo en revisar estos acontecimientos y describirlos para limpiarnos de los acuerdos no cumplidos. Es un proceso que no termina. Si en el futuro, por cualquier razón, los acuerdos rotos se acumulasen, procede de nuevo a limpiarlos.

Cuando accedas a sucesos o experiencias pasadas evita inclinar la cabeza. Al contrario, mantenla erguida con los ojos abiertos si lo deseas, y mira de izquierda a derecha o de arriba abajo. En caso de cerrarlos, muévelos como indiqué. De esta manera aceleras el proceso de recordar información de tu pasado. Es una técnica simple pero muy eficaz. Si inclinas la cabeza se estimula el pensamiento, en lugar de la rememoración.

Recuerda que saber y no hacer equivale a no saber. Ahora ya sabes cómo lidiar con este factor que frena tu éxito. Se trata de un procedimiento simple que dará resultados magníficos si lo aplicas, y entonces tu habilidad para moverte desde donde estás hacia adelante mejorará. Pero de nada sirve si no lo aplicas para resolver los acuerdos rotos en el pasado.

---

### Ejercicio 19: Una revisión del pasado

1. Describe alguna ocasión en que infringiste un acuerdo en cada una de las siguientes áreas de tu vida:

   a) Tú mismo
   b) Económica
   c) Relaciones humanas
   d) Salud
   e) Relación de pareja
   f) Relaciones familiares

2. Escribe todos los acuerdos rotos en el pasado que vengan a tu mente y qué hiciste al respecto. Cuanto más atrás vayas en el tiempo, mucho mejor. Sé lo más específico posible: ¿cuál fue el acuerdo que rompiste?, ¿quién fue el afectado?, ¿te justificaste?, ¿cómo te justificaste?, ¿saliste triunfante con tus justificaciones o te llamaron la atención?

---

## Es hora de resarcir tus acuerdos rotos

Si bien es importante limpiar los acuerdos rotos del pasado, también lo es respetar los acuerdos actuales. Eso te mantendrá creciendo. Hay personas que establecen demasiados compromisos. No lo pueden evitar: dicen que sí a muchas cosas, a mucha gente, porque les apena decir no. Así que optan por decir sí a todo, haciendo tantos acuerdos que se vuelve imposible cumplirlos todos y quedan mal.

Conozco muchas personas que así viven: dicen sí a todo pero no cumplen nada. Evita ese comportamiento. En caso de decir muchas veces sí, cuando hubieras querido decir no, enfrenta la realidad, reconoce tu falla, asume responsabilidad por el daño causado y limpia tu vida. Debes librarte del agobio que te detiene.

Si actualmente eres incapaz de cumplir un acuerdo, sin importar de qué se trata, enfréntalo y responsabilízate por ello. Y después haz un nuevo acuerdo para mantener tu integridad. Piénsalo un momento: puede tomarte sólo cinco minutos evitar que se activen programas desfavorecedores.

Si acordaste contigo mismo hacer ejercicio y seguir una dieta que evita los pasteles, pero en una cena familiar te ofrecen uno de chocolate, ¿qué harás? Tú estableciste un pacto: "No comeré pastel." Si vas a romperlo, no te comas la rebanada hasta reconocer y aceptar la responsabilidad de que rompiste un acuerdo. La reflexión debe tener lugar antes de comer el postre y luego haz otro que quizá sea radicalmente diferente: "Comeré pastel en las fiestas" o "Comeré pastel una vez por semana." Pero evita establecer un compromiso que de antemano sabes no respetarás. Al contrario, haz uno que te sea fácil cumplir para no hundirte, detenerte, paralizarte y caer en picada.

Hay una frase efectiva para utilizar con otras personas: "Quiero resarcir mi cambio de acuerdo." Cuando hiciste un acuerdo y no lo mantienes, usa la frase. Digamos que acuerdas con un cliente una junta para el martes a las diez de la mañana pero una hora o uno, dos o tres días antes —eso en realidad no importa—, surge un imprevisto que te impide acudir. Entonces llama para romper o cambiar el acuerdo. Dile la frase "Quiero resarcir mi cambio de acuerdo" y lo invitas a comer o lo compensas de alguna otra forma. Así mantendrás tu integridad y seguirás adelante. Hacerte el hábito de resarcir a los demás cuando incumples un pacto tiene el beneficio adicional de que te incita a establecer acuerdos que podrás cumplir, dado que si estás habituado a resarcir, cada vez que falles representará un costo material para ti. No se trata de convertir en costumbre faltar a tu palabra, sino de llevar a cabo una práctica muy sana y que te confiere una reputación de integridad cuando sea necesario.

Observa siempre que responsabilizarnos de los acuerdos rotos significa aceptar que el incumplimiento no es culpa o error de nadie más que de ti mismo. Involucra, por lo tanto, asumir ciento por ciento la responsabilidad de todo lo que pasa en nuestra vida.

Imagina que te comprometes a prestarle, digamos, quinientos dólares a un amigo la próxima semana, porque sabes que recibirás el pago de una comisión. Pero algo imprevisto sucede y no recibes lo que esperabas, de manera que no mantienes el acuerdo. Sería fácil decir que no es culpa tuya y explicar que hubieras cumplido si quien se comprometió a pagarte la comisión hubiera respetado su acuerdo. Pero no funciona así: tomar responsabilidad por un acuerdo roto significa que aceptas que la culpa sólo es tuya. ¿Cómo puede ser eso? Aunque resulte difícil de comprender, tú, de alguna manera, creaste mental y emocionalmente ese acontecimiento. Por lo tanto, aunque en un caso así parezca difícil de aceptar, la responsabilidad es completamente tuya.

Si deseas moverte hacia adelante en tu camino y lograr tus sueños, asume desde hoy la responsabilidad de tu vida al ciento por ciento. Lo que te sucede no es culpa de nadie más que tuya y fin de la historia. Recuerda el caso de mi amigo Agustín. Para muchos es algo difícil de aceptar y entender, sobre todo para quienes normalmente pasan apuros económicos o están quebrados.

Mientras más rápido captes esto, más velozmente irás hacia el éxito que desees.

Ten siempre en consideración que al asumir la responsabilidad total de tu vida, restas poder a tus programas negativos. Cuando lo haces, incrementas tu capacidad para lograr cosas en la vida, te resulta más fácil empezar proyectos y terminarlos, y se vuelve más sencillo lograr tus sueños y objetivos.

Ahora te pregunto: ¿Quisieras incrementar tu capacidad para iniciar proyectos y terminar los ya empezados? ¿Y para concretar sueños y metas no manifestados? ¿Quisieras terminar esos proyectos y alcanzar tus sueños más fácil y rápidamente?

Ahora ya tienes claros los factores que pueden detenerte para aplicar la información de este libro, crecer en tu vida y volverte un imán para el éxito:

1) Tu programación:
   a) Establecida a partir de decisiones que tomaste y crearon programas diversos que te frenan, detienen o no te empoderan.
   b) Implantada por figuras de autoridad que tampoco te empoderan pero sí te frenan o detienen.
   c) Creada por programas de los medios que tampoco te favorecen.
2) Romper acuerdos.

La manera de incrementar tu capacidad para concluir lo que te propones y alcanzar tus sueños involucra negarle poder a tu programación negativa, diseñada para impedirte lograr lo que quieres en la vida. De modo que:

"Desempodera" los programas negativos establecidos a partir de decisiones originadas en sucesos o experiencias.

"Desempodera" los programas negativos implantados por figuras de autoridad, a través de ideas, opiniones y órdenes que aceptaste en algún momento.

"Desempodera" los programas negativos instalados a través de la exposición constante a los contenidos y publicidad transmitidos por medios masivos.

Ya tienes las herramientas para no conceder poder a tu programación negativa y empoderarte con una programación o educación favorable. Los cuatro elementos clave para el cambio de tu programación descritos en el capítulo anterior: hacer consccenciencia o darse cuenta, comprensión, disociación y, finalmente, reeducación.

Adicionalmente, "desempodera" a los programas negativos que te impiden lo que te propones, al cumplir tus acuerdos y asumir la responsabilidad por los acuerdos rotos. Lo anterior es posible, como lo muestran los relatos de algunos graduados del Diplomado de Mentalidad de Abundancia:

"Antes de llegar a este curso, no sabía por qué a pesar de trabajar duro y luchar por hacer crecer mi negocio, nada me daba resultado. Y me preguntaba: ¿por qué, a pesar de promover, contactar, demostrar a los demás mi negocio y mis productos, nadie se interesaba? Pero tras el diplomado, ya sé qué es lo que me estaba frenando para lograr el éxito y a partir de hoy, sé que todo va a cambiar y que mi destino está encaminado a lograr éxito en todo lo que me proponga."

—Patricia, contadora

"Sinceramente nunca creí que pudieran pasar tantas cosas en tres días que me hicieron reflexionar como hice este fin de semana. Estoy convencida de que lo que aprendí logrará que mi vida cambie radicalmente. Me da mucho gusto que mi mamá me haya traído casi a fuerza porque sí que valió la pena."

—Graciela, estudiante de Derecho

"He hecho cursos por veinte años y ninguno se había dirigido a mis problemas de dinero tal como este diplomado los aborda. Mi vida cambió ciento ochenta grados, porque ahora sólo piso el acelerador no el freno. Jamás había confrontado e identificado tantas opiniones y pensamientos sobre el dinero, y lo mejor es poder deshacerme de ellos. Gracias por ser lo que son y hacer lo que hacen."

—Daniel

"Increíble pero en el transcurso de seis meses tripliqué mis ingresos y no solamente eso, prácticamente ya casi no debo nada. Mi vida cambió radicalmente como si el sol desplazara a la obscuridad: aprendí cómo administrar mi dinero, cómo invertirlo y hacerlo crecer y entendí que puedo hacerlo todo en esta vida."

—Adrián, arquitecto

## La intención es lo que cuenta

Antes de continuar, una advertencia: cuando reconozcas tus acuerdos rotos y aceptes responsabilidad por ellos, no ruegues por el perdón ni digas "perdón" en actitud que te minimice o minusvalore. Rogar para que te perdonen es diferente a ofrecer disculpas.

Si la persona afectada no te disculpa ni modo. Para efectos de tu éxito no importa. Ellos no tienen necesariamente que hacerlo. Lo importante es reconocer tu falla y disculparte pero sin rogar perdón. No necesitas el perdón de otro para seguir adelante.

Esto es algo grande y muy importante para ti: cuando reconozcas y aceptes tu error y el daño causado por romper un acuerdo evita quitarte valor a ti mismo. Sólo di: "Discúlpame" y usa la frase: "Quiero resarcir mi cambio de acuerdo." O "Lo resarciré de ésta u otra manera". Así que recuerda: admite, reconoce y acepta que rompiste un acuerdo, asume tu responsabilidad y no ruegues por el perdón. Si te perdonan o no, es irrelevante porque tú ya aceptaste la responsabilidad por no honrar un acuerdo.

Imagina que tienes un negocio de muebles y a un cliente le quedaste mal. Él esperaba que le llevaras a su casa el sábado en la mañana la sala que compró. Debía ser por la mañana porque tenía una cena esa noche en su casa. Todo va según los planes hasta que el camión de entrega choca en la ruta de entrega, y ambos vehículos son llevados al corralón hasta el lunes. Tu cliente te llama disgustadísimo. Tú tomas la llamada, le explicas lo que pasó y ofreces disculpas. Pero el cliente está tan molesto que quiere devolver la sala y que le devuelvas su dinero. Tú le ofreces resarcir tu cambio de acuerdo, pues tomas responsabilidad total del compromiso roto. Sin embargo, el cliente no acepta tus disculpas, así que tendrás que devolver el dinero. Además del daño a tu camión, perdiste una venta y posiblemente un cliente. Quizá surja la tentación de suplicarle que reconsidere, que te perdone, pero no lo hagas. No te minimices. En la vida a veces suceden imponderables. Sí, perdiste un cliente que necesitabas pero no te quedes atorado en la experiencia; suéltala, déjala ir. Tú ya hiciste tu parte al asumir la responsabilidad. Ahora sigue adelante en tu vida.

¿Alguna vez alguien te dejó plantado y ni siquiera se disculpó? ¿Alguna vez alguien llegó tarde a una cita contigo, sin prevenirte ni disculparse por su retraso? ¿Te ha pasado que alguien te hace esperar y cuando llega culpa al tránsito o da cualquier otra excusa? Lamentablemente es muy común. Mucha gente no valora el tiempo de los demás y cuando hace esperar a alguien actúa como si nada hubiera pasado. Las personas que actúan así quizá consideren que llegar tarde a una reunión es una pequeñez. No son conscientes de la pertinente máxima Zen que comenté antes: "Como haces una cosa haces cualquier cosa."

Como ya establecí, nadie puede cumplir siempre sus acuerdos. La cuestión, insisto, es qué haces para cumplirlos y cómo actúas cuando faltas a alguno. Respecto a la puntualidad hay una frase atribuida al dramaturgo William Shakespeare: "Es mejor tres horas antes que un minuto tarde." Yo estaría entusiasmado de tratar con alguien que tiene esta filosofía.

Cuando eres puntual, el mensaje que transmites es que cumples tus acuerdos. Y si no llegas a la hora acordada avisas con anticipación, reconociendo la falta; admites tu responsabilidad sin justificaciones de ninguna índole; incluso si ofreces resarcir a la persona que afectaste, se sentirá muy bien contigo.

Un día tuve una cita de negocios a las ocho de la noche. La persona con la que me reuniría me preguntó si era puntual y contesté que sí. El día de la reunión, cuando me percaté de que

llegaría cinco minutos tarde, me detuve en un teléfono público
—no tenía un celular—, eché una moneda y avisé que llegaría re-
trasado cinco minutos. Mi interlocutor respondió que no era para
tanto, pero para mí sí lo era. Piénsalo: una llamada de este tipo
puede hacerte quedar bien, aun si quedaste mal. Esta deferencia
es tan poco común en sociedades como la mexicana que a veces la
gente se impresiona por un detalle así. De igual manera, si llegaré
tarde a una comida, uso el celular para avisar que me retrasaré, digamos, quince minutos y al llegar ofrezco una disculpa a la gente
que hice esperar, sin minimizarme. Y ofrezco pagar la comida. Es
mi manera de resarcir mi acuerdo roto y asumir responsabilidad.
La gente también se impresiona por esta actitud.

Por eso, si al romper un compromiso reconoces lo que
hiciste y admites la responsabilidad y buscas resarcir tu cambio de
acuerdo, reconócete por hacer lo correcto, felicítate y siéntete orgulloso de ti mismo. Estás haciendo algo que la mayoría no hace.

Y claro, cuando mantengas tus acuerdos y logres lo que te
propusiste, reconócete, felicítate y siéntete orgulloso de ti mismo.
Date una palmadita en el hombro porque también en ese caso,
haces algo que la mayoría olvida.

Alégrate no sólo porque formas parte del reducido grupo
de personas cuya palabra vale porque cumplen sus compromisos
y aceptan su responsabilidad cuando incumplen un acuerdo, sino
porque estos hábitos te ayudarán a seguir tu camino, subiendo en
la vida, y a lograr todo lo que te propongas.

En el capítulo 1 dije: "Tú puedes ser, hacer y tener cualquier cosa que desees si aprendes cómo hacerlo". Ésta es la fórmula
del éxito. Ser, involucra reconocer en qué fallaste al incumplir un
acuerdo e implica aceptar la responsabilidad por el daño causado
y resarcirlo, evitando paralizarte, frenarte, e irte en picada. Entonces podrás hacer lo que desees, sin remordimientos y, finalmente,
lograrás lo que te hayas propuesto. Eso es tener éxito.

## IDEAS PODEROSAS DEL CAPÍTULO 10

- El incumplimiento de acuerdos con uno mismo y con otros te pone en riesgo de no lograr tus sueños, no integrarte al juego en el que quieres estar, cualquiera que éste sea, ni estar en posición de aplicar el conocimiento de este libro o de cualquier aprendizaje útil, en el mundo real. En una palabra, se trata de un auto sabotaje.

- Por eso, si se tiene el hábito de faltar a un compromiso, cuando se trata de uno establecido con uno mismo, resulta benéfico establecer convenios fáciles de cumplir, porque al hacerlo, el logro te pone en una tendencia ascendente.

- Es conveniente aclarar la diferencia entre romper un compromiso y tomar la decisión consciente de no mantenerlo.

- Lo anterior aplica para una cita con alguien, para un compromiso con una institución y también para un compromiso con uno mismo.

- Cuando rompes un acuerdo deliberadamente, si no deseas irte en picada, debes reconocer que no honraste tu compromiso, acepta la responsabilidad de tu acto en lugar de poner pretextos y justificaciones.

- No somos perfectos, somos humanos y como tales fallamos, sin embargo, para evitar una parálisis o, peor aún, un declive en nuestra ruta hacia el éxito, es necesario tener consciencia del error y aceptarlo, según sea el caso, contigo o ante la persona a la que fallamos, y asumir las consecuencias.

- Convertir esta práctica en un hábito, impedirá que te hundas en un pantano de conflictos que te inmovilizan, además influirá positivamente en ti y te darás cuenta que con el tiempo rompes menos acuerdos.

- Los acuerdos rotos pueden generarnos una debacle, porque al faltar a nuestros compromisos se activan programas mentales que te impiden alcanzar el éxito y propician en ti el auto sabotaje, esta programación te empuja a hacer cosas indebidas o te dificulta hacer lo que deberías.

- Por ejemplo, si te iniciaste en un programa educativo y te comprometiste contigo a leer libros, escuchar audios y asistir a reuniones pero no lo haces como acordaste, entonces activarás programas que te bloquearán en tu camino al éxito, y no tardarás en paralizarte e irte de picada.

- Los acuerdos rotos se alinean energéticamente en cadena, creando un patrón de actividad con resultados perjudiciales.

- Al romper acuerdos, sabemos —somos conscientes— de que hicimos algo mal. Si no lo reconocemos ni aceptamos la responsabilidad de nuestros actos, estos sucesos se acumulan. Con el tiempo, cumplir acuerdos —los realmente importantes— nos resultará difícil pues comenzaremos a pensar y después a creer (a nivel inconsciente) que somos incapaces de asumir un compromiso, que no somos confiables y nuestra palabra no vale. Entonces nos empantanamos en programas negativos.

- Limpiar acuerdos rotos del pasado detiene el ciclo de parálisis y caída en picada que un ser humano puede sufrir en su vida, así que te pido que pienses en un acuerdo roto del pasado, incluso muy lejano, que no reconociste ni aceptaste tu responsabilidad por el daño causado y que, quizá, incluso, justificaste; visualiza el momento en que lo rompiste, admítelo y acepta tu responsabilidad, así eliminarás efectos negativos creados en ese momento.

- Evita establecer un compromiso que de antemano sabes que no respetarás. Al contrario, haz uno que te sea fácil cumplir para no hundirte, detenerte, paralizarte y caer en picada, evita que se activen programas desfavorecedores.

- Hay una frase efectiva para utilizar con otras personas: "Quiero resarcir mi cambio de acuerdo." Cuando hiciste un acuerdo y no lo mantienes, usa la frase. Busca cómo enmendar el error, así mantendrás tu integridad y seguirás adelante.

- Cuando mantengas tus acuerdos y logres lo que te propusiste, reconócete, felicítate y siéntete orgulloso de ti.

- Tú puedes ser, hacer y tener cualquier cosa que desees si aprendes cómo hacerlo. Ésta es la fórmula del éxito. *Ser*, involucra reconocer en qué fallaste al incumplir un acuerdo e implica aceptar la responsabilidad por el daño causado y resarcirlo, evitando paralizarte, frenarte e irte en picada. Entonces podrás *hacer* lo que dices, sin remordimientos y, finalmente, lograrás o *tendrás* lo que te hayas propuesto. Eso es tener éxito.

## (11)

# ¿Para qué estás en este mundo?

Cada uno de los más de siete mil millones de seres humanos de este planeta tenemos dos tipos de misión:

1. El propósito de vida
2. El propósito personal

El propósito de vida es la asignatura inherente a toda persona, que viene grabada en el código genético de cada uno. Es la finalidad que todos compartimos como parte de la humanidad. Este propósito nos incluye con el resto del género humano y respecto a todo lo que nos rodea. En otras palabras, es igual para cualquier individuo, sin excepción. Para asimilar en toda su profundidad este concepto, es necesario elevar el ego a su yo superior; es decir, alcanzar un alto nivel de conciencia. Por otro lado, el propósito personal —que no es tema de este texto— involucra nuestra vocación y lo que nos permitirá sentirnos realizados, completos. Éste complementa al propósito de vida al expresar qué haremos con el ser único que somos, incluyendo aspiraciones, pasiones y talentos.

Es decir, se trata del llamado que tiene cada uno como individuo (no como especie), lo que debemos completar durante nuestro paso por este mundo.

Volvamos ahora al propósito de vida. Éste consta de tres elementos:

**a)** Agregar valor.

**b)** Aprender y crecer.

**c)** Disfrutar el viaje.

Los explico a continuación:

### Valor agregado

Aumentar valor en mercadotecnia tiene que ver con mejorar la percepción que un cliente tiene sobre cómo un producto o servicio satisface sus necesidades o deseos. Y ello se relaciona con las cualidades de la oferta. En el contexto del propósito de vida, agregar valor tiene que ver con la parte de nuestro ser que nos induce a trabajar por incrementar nuestras cualidades, no sólo para beneficio propio, sino de nuestro entorno. Durante nuestra estancia en este mundo entramos en contacto, directa o indirectamente, con miles de personas.

En la medida en que nos hacemos mejores personas influimos en otros individuos, que a su vez influirán en otros. Así, si nos superamos personalmente y agregamos valor a lo que nos acercamos o entra en contacto con nosotros, contribuimos a crear un círculo virtuoso que en el largo plazo y a gran escala ayudará a mejorar al género humano y a otras generaciones.

### Aprendizaje y crecimiento

Asimismo, hay un impulso natural en cada uno de nosotros que nos motiva a instruirnos y progresar como personas, miembros de una familia, como ciudadanos y en cualquier otra área de la vida. Nuestros avances personales abarcan mucho más que el desarrollo profesional. No basta con tener el negocio (el vehículo correcto) o la profesión correctos en el tiempo correcto y contar con el conocimiento adecuado, además debes ser, como explicamos en el capítulo 5, la persona adecuada.

Aprender y crecer se logra experimentando nuevo conocimiento, capaz de empoderarnos, y cuyo objetivo sea hacernos mejores personas. Recuerda la frase de la filosofía Zen: "Lo mejor de ti mismo te ha llevado adonde estás ahora." El sitio donde nos hallamos hoy puede ser bueno, regular o malo. Pero si queremos ir más allá, a un sitio mejor, debemos ser un mejor yo. Y eso, como ya establecí, se logra con estudio y entrando en relación con personas que lograron lo que nosotros buscamos, y aumentando nuestro índice de ser enseñable.

Uno está destinado a crecer o decrecer, expandirse o contraerse. No existe el punto medio en personas, empresas, sociedades humanas ni países. Tienen sólo dos opciones: se expanden o se contraen. En otras palabras, este instinto dice que nunca seremos un producto terminado. Por lo tanto, siempre podemos mejorar algún aspecto de nuestra vida. Nuestro desarrollo es constante.

## Recorrido que se goza

A esta existencia llegamos de algún lugar y terminamos en otro. Nadie se queda. Y nadie nace con el propósito de sufrir durante su fugaz paso por este planeta. Al contrario, nos hallamos aquí para disfrutar lo que la vida nos ofrece. Si alguien no la está pasando bien, incumple parte de su propósito de vida. Tal vez no sabe cómo disfrutar la vida. Quizá no está preparado para procesar o encuadrar las dificultades y los problemas que surgen como oportunidades de crecimiento. Debemos integrar a nuestra manera de pensar el concepto de que en la vida no hay experiencias malas ni buenas; solamente experiencias de aprendizaje. La ventaja de encarar así nuestra existencia, es que aprender algo siempre tiene una connotación positiva. El aprendizaje nos hace crecer.

Cuando una persona cambia su manera de pensar para bien, su frecuencia vibratoria se intensifica favorablemente y entonces su ADN vibra adecuadamente y la persona aumenta su nivel de conciencia, convirtiéndose en una persona con un nivel de conocimiento y comprensión de la vida más elevado.

Recordemos que existen personas atascadas en el nivel de conciencia de asumirse como víctimas de otras personas o de las circunstancias. Se trata de un nivel de conciencia muy básico.

Cuando algunos de esos individuos empiezan a controlar su vida y dejan de preguntarse "¿Por qué a mí?", para enfocarse en "¿Cómo mejoro mi situación?", han dado un tremendo salto evolutivo. Cuando algunos de estos seres humanos entienden la vida desde un propósito, significa que se impulsan todavía más en la escala de conciencia.

¿Te acuerdas de cómo reacciona una persona en el nivel diez de conciencia ante los problemas del capítulo 8? A partir de ese nivel ya no hay problemas, sólo situaciones y pequeños inconvenientes, que al encuadrarse en un nuevo marco, ahora se ven como oportunidades o retos para mejorar. Esta manera de ver la vida es siempre una oportunidad de salir de la zona de comodidad y crecer, ya que en este nivel nada te altera, todo te motiva y te hace disfrutar del trayecto.

Tú, como nivel diez, ves la vida como una aventura, de la que no conoces el desenlace, cuyo impulso utilizas para aprender, crecer y fortalecerte. Es en este estado que la humanidad ha prosperado siempre, cuando debe trascender retos y circunstancias.

La gente con un nivel de conciencia más bajo, no ha asimilado lo anterior y sufre. Por ello, al final es tu actitud ante la vida la que determina los resultados y el logro de tu misión.

## PRINCIPIO DE ABUNDANCIA
Procura sentirte bien la mayor parte del tiempo.
Si no puedes, trata de sentirte mejor
a pesar de las circunstancias.

Recuerda que las creencias influyen en los pensamientos y éstos en los sentimientos que conforman nuestra actitud; ésta, a su vez, afecta nuestras acciones, que son el puente entre nuestro mundo interior y los resultados. Así que vale más una actitud positiva ante la vida, que si bien no garantiza el éxito en todo, permite superar más fácil los retos y acelera los resultados satisfactorios que buscas. Esa vibración positiva se traduce en *sincronicidades* favorables, de modo que las cosas comienzan a salirte bien en lo que haces. Y cuando esto ocurre, ¿cómo no disfrutar de la vida?

## La vida es un viaje

¿Cuál sería una actividad divertida y disfrutable, que te expande como persona, amplía tu visión, amplifica tus posibilidades y tus sueños y, además, de cierta manera se relaciona algunas veces con asistir a reuniones? Viajar. Sobre todo internacionalmente.

Un común denominador de la gente exitosa es que viaja constantemente no sólo local, sino internacionalmente. Esto no es casualidad. Cuando uno viaja alrededor del planeta se conocen culturas, personas muy distintas, y nuestra visión del mundo cambia de modo radical. Por eso se expande la visión: el horizonte de posibilidades se desdobla. Y además, uno crece como persona, tu creencia en ti se incrementa también y la imaginación se estimula enormemente. La vida de uno, en general, se ensancha.

Viajar a otros países te ayuda a alcanzar tus metas y sueños. La experiencia por aire te cambia incluso físicamente, porque al volar atraviesas campos electromagnéticos que varían en las diferentes partes del planeta; lo anterior impacta el flujo de energía que te rodea y crea un efecto diferente en ti en cada lugar. Si creciste en un país la energía de esa parte del planeta no tiene un efecto sensible en ti porque estás acostumbrado a ella. La que sí te afecta, es la que hay en otras regiones y si te quedas ahí unos días o semanas, se crean y estimulan nuevos circuitos neuronales en el cerebro. Cuando viajas a otras naciones el impacto es dramático.

Personalmente, adoro viajar como lo he asentado en estas páginas. He visitado setenta y ocho países donde entré en contacto con culturas, religiones, formas de pensar y costumbres diversas. Y gracias a ello, mi visión se ha enriquecido.

Durante el más reciente viaje que hice por el Lejano Oriente, en compañía de mi esposa, constaté de nuevo en cada país la experiencia descrita. No obstante, el que causó mayor impacto en nosotros fue Bután.

Ahí experimentamos el cambio electromagnético en forma extrema. Inmediatamente después de bajar del avión de Drukair, Mary me dijo: "¿Acaso no sientes algo maravilloso?" La sensación de paz era increíble, algo que nunca antes había sentido y no percibí en el resto de las naciones que visitamos. Al llegar a la zona de migración, nos sorprendió un letrero de bienvenida que informaba que el crecimiento en este país no se medía por el Producto Interno Bruto —el tamaño de la economía de un país— sino por el Producto interno de felicidad.

¡Fue impresionante percibir la vibración de un país completo! Una nación budista casi en su totalidad. Después supe que trabajan para remplazar todos los autos de gasolina por otros eléctricos; no hay bolsas de plástico, todas son de tela; los ríos están limpios y transparentes, y la gente es maravillosa en su trato y actitud. Fue una experiencia inigualable.

Después nos trasladamos a Lhasa, la capital del Tíbet. Ahí, aunque también es una ciudad principalmente budista, la vibración fue completamente diferente: se percibe dolor, sufrimiento, imposición y violencia. Todo es reflejo de un intento profundo de la gente por recuperar su libertad y lograr que algún día el Dalai Lama —quien desde 1959 vive autoexiliado en la India— regrese al Palacio de Potala a gobernar. ¡Qué sensación tan diferente! Esa visita me dejó una maravillosa enseñanza: darme cuenta de que México, donde vivo, es un país más bien libre, comparado con el Tíbet. Esta clase de vivencias permiten que uno valore enormemente lo que tiene en su país, aun si éste dista de ser perfecto.

Estos beneficios de viajar al exterior para descubrir países, culturas y modos de pensar diferentes para expandir la mente y ayudarnos en nuestro enfoque hacia el éxito, son la razón de que la élite del mundo quiera restringir los desplazamientos internacionales de la gente. Existen millones, quizá cientos de millones de personas en el mundo, que nunca han salido de su país; y muchas de ellas ni siquiera de la región o incluso del pueblo donde viven. Así opera esta élite, pues sabe que los viajes expanden los pensamientos y las creencias de la gente, hace a las personas más fuertes, más poderosas y más enfocadas y les da mayor habilidad para crear y manifestar sus sueños.

Pero eso no puede detenerte. Existen para tu deleite tantas experiencias sensoriales maravillosas alrededor del planeta que una vida apenas basta para gozarlas. Y hay para todo tipo de preferencias. Puedes conocer una infinidad de platillos, como los maravillosos platos de carne de yak del Tíbet, un delicioso bife argentino, una espectacular paella valenciana en España, una deliciosa pizza a la leña en Venecia o un helado triple napolitano en el mismo Nápoles. O disfrutar una feijoada en Brasil o una arepa en Colombia; o bien, un queso camembert con vino en París, tal vez unos exquisitos platillos vegetarianos en la India o comida kosher en Israel.

También puedes tener el deleite de escuchar lenguas con cadencias y ritmos diferentes, sorprenderte con otras culturas y aprender de diferentes puntos de vista. Experimentar nuevas sensaciones sobre la imponente muralla china; las maravillosas excavaciones de Petra, en Jordania; a los pies del Cristo del Corcovado, en Brasil; en el interior de la catedral de sal en Colombia; la punta de la Torre Eiffel, en París; paseando entre los jardines de la Alhambra, en Granada, al sur de España; caminando sobre el piso de mármol alrededor del Taj Mahal en Agra, India; imaginando peleas de gladiadores desde las graderías del Coliseo Romano; culminando la ruta Maya en Chichen Itzá, en el sureste de México. También te espera la satisfacción experimentada después de varios días de recorrido por el camino a Santiago de Compostela o el efecto energético impactante en lugares como Machu Picchu, en Perú. Está ahí, para ti, la posibilidad de tomar miles de fotos de los fantásticos colores en el cielo que sólo podemos disfrutar durante los atardeceres y los amaneceres que a diario la vida nos regala en todos los rincones de la Tierra.

Igualmente te espera el goce casi infantil de recorrer castillos por toda Europa, a quienes fantasearon de niños vivir en un castillo medieval y defender doncellas del ataque de feroces dragones o quienes se sintieron inspirados con la historia de Don Quijote de la Mancha. Te aguarda la diversión en cruceros que navegan entre las islas griegas o el Caribe, y la emoción de volar en un globo aerostático sobre las planicies ocres de Capadocia, al este de Turquía, gozando paisajes que parecen de otro planeta.

Estar en diferentes partes del mundo te permite experimentar cambios físicos energéticos, vivir experiencias distintas y conocer puntos de vista diferentes. Te hace cambiar radicalmente. Si además tomas cursos de desarrollo humano en otros países, estos elementos hacen sinergia. De modo que recomiendo ampliamente combinar un viaje internacional con la asistencia a un seminario, para producir un efecto similar al de los caballos que jalan una carga: si un caballo es capaz de tirar de cien kilos, dos animales juntos tendrán la capacidad de tirar no del doble, sino del triple o más. En un viaje en el que adicionas el elemento de la instrucción a tu desarrollo personal, el beneficio se multiplica.

En cada viaje suceden imprevistos, hay desazones e inconvenientes. Hay sorpresas agradables y desagradables. Es parte de la experiencia. Tenlo en cuenta en cada viaje que hagas, pero sobre todo considéralo siempre parte de tu vida, del viaje más importante. Disfrutar del viaje significa gozar todo lo que te sucede, mientras te diriges al éxito. Y grábate en la cabeza que:

*La felicidad es un camino, no un destino.*

Muchas personas piensan y dicen: "Seré feliz cuando logre esto o aquello." Pero lo cierto, como dijo el filósofo William James, es que: "Uno no canta porque es feliz, sino es feliz porque canta."

## IDEAS PODEROSAS DEL CAPÍTULO 11

- Todos los humanos tenemos dos tipos de misión:
    1. El propósito de vida
    2. El propósito personal
- El propósito de vida es la asignatura inherente a toda persona, es la finalidad que todos compartimos como parte de la humanidad, nos incluye con el resto del género humano respecto a todo lo que nos rodea, en otras palabras, es igual para cualquier individuo, sin excepción.
- El propósito personal —que no es tema de este texto— involucra nuestra vocación y lo que permitirá sentirnos realizados, completos. Ésta complementa el propósito de vida al expresar qué haremos con el ser único que somos, incluyendo aspiraciones, pasiones y talentos.
- El propósito de vida consta de tres elementos:
    1. Agregar valor
    2. Aprender y crecer
    3. Disfrutar el viaje
- Lo mejor de ti te ha llevado a donde estás ahora. El sitio donde nos encontramos hoy puede ser bueno, regular o malo. Pero si queremos ir más allá, a un sitio mejor, debemos ser un mejor yo.
- Una persona que no goza de la vida, quizá no está preparado para procesar o encuadrar las dificultades y los problemas que surgen como oportunidades de crecimiento.
- Debemos integrar a nuestra manera de pensar el concepto de que en la vida no hay experiencias malas ni buenas; solamente experiencias de aprendizaje. Aprender algo siempre tiene una connotación positiva. El aprendizaje nos hace crecer.

- Procura sentirte bien la mayor parte del tiempo. Si no puedes, trata de sentirte mejor a pesar de las circunstancias.
- Estar en diferentes partes del mundo te permite experimentar cambios físicos energéticos, vivir experiencias distintas y conocer puntos de vista diferentes. Viajar a otros países te ayuda a alcanzar tus metas y tus sueños.
- Cuando viajas alrededor del planeta se conocen culturas, personas muy distintas y nuestra visión del mundo cambia de modo radical. Por eso se expande la visión. El horizonte de posibilidades se desdobla.
- Viajando, uno crece como persona, la creencia en ti se incrementa también y la imaginación se estimula enormemente. La vida de uno en general, se ensancha.
- La felicidad es un camino, no un destino.

## 12

# El secreto más celosamente guardado sobre el éxito

Todos conocemos la Ley de Gravitación Universal, que describe cómo se comportan los cuerpos que experimentan cierta atracción por tener una masa determinada. Y sabemos que —aunque no la veamos, no creamos en ella o ignoremos cómo funciona— existe. Es una ley. Y si subes a la azotea de un edificio y das un paso al vacío, caerías, sin importar lo mucho que quisieras caminar en el aire, a consecuencia de la Ley de la Gravedad.

Pero hay un fenómeno interesante: pájaros que vuelan, así como máquinas —aviones y helicópteros, por ejemplo— que superan la fuerza que mantiene los cuerpos en el suelo y van en contra de la Ley de la Gravedad, porque ponen en marcha una ley que prevalece sobre la primera, llamada Ley de la Sustentación o la elevación. Ésta desafía la Ley de Gravitación Universal. Por lo tanto, la de Sustentación se estima superior a la de Gravedad, si bien ésta nunca desaparece.

Ahora bien, arriba de esta Ley de la Sustentación hay otra aún más importante y superior que se llama Ley de la Atracción, mencionada en el capítulo 8. De esta ley se ha hablado mucho. En esencia, la Ley de la Atracción afirma que lo que se siembra, se cosecha. O, visto de otra manera, lo que se da se recibe. Lo que siembras en este caso, es aquello en lo que te concentras.

Cuando esta ley se activa a tu favor, eres capaz de lograr cualquier cosa que te propongas a una velocidad asombrosa, sin importar si se trata de salud, éxito, bienes, dinero, o una visa para entrar a la India justo a tiempo para emprender el viaje. Como la Ley de la Gravedad, la de la Atracción no se ve pero está ahí. Yo considero el resultado de todas mis andanzas para obtener la visa hindú como prueba de ello. La manera de obtenerla se debió a *sincronicidades*, pero conseguirla al final fue producto de la Ley de la Atracción, sin duda.

Deseo aclarar que si bien los seres humanos nos beneficiamos enormemente de esta ley, no estamos diseñados para usarla, o atraer cosas, así nada más. Sí lo estamos para crear y cuando salimos a forjar nuestros sueños y objetivos en la vida entonces enviamos un mensaje a la Ley de la Atracción para que nos ayude a lograr nuestras metas y para que sucedan las cosas. Al decidir crear en nuestra mente un sueño, o visualizarlo y creer en él, esta ley se activa, de modo que se presentan o aparecen —daría la impresión que de la nada— personas, sucesos y circunstancias que aprovecharás y utilizarás, al llevar a cabo las acciones correspondientes para materializar tu objetivo.

El libro *El secreto*, de Rhonda Byrne, dice: "Usted obtiene sólo aquello en lo que se enfoca." Esta perspectiva está bien pero yo pretendo abordar el concepto de la Ley de la Atracción desde un punto de vista más completo. Nuestro cerebro, o para ser más exactos uno mismo, es un receptor y transmisor de frecuencias de vibración.

De manera que las frecuencias —que equivalen a nuestros pensamientos— transmitidas por uno mismo son captadas por otros cerebros instantáneamente. ¿Qué significa esto? La consecuencia es que cuando tú transmites una idea o un concepto, en ese instante alguien puede captarlo.

¿Cómo es posible? Se ha demostrado científicamente que todo en este universo está hecho de energía y ésta emite una frecuencia. En los términos más fundamentales, todo lo que hay a tu alrededor es pura energía. Si pudieras ver las partículas elementales de la materia, por medio de un microscopio electrónico superpoderoso, observarías protones y neutrones formando un núcleo y electrones orbitando alrededor de éste. Y ese conjunto atómico representa energía. La mesa de tu casa, las piedras de la Luna y todo lo que existe en el universo están formados por esas partículas que integran átomos.

Pues bien, nosotros mismos, nuestro cerebro y todas las células de nuestro cuerpo, no son la excepción: están hechos de átomos que emiten una frecuencia que se propaga por todos lados, no se puede bloquear y es instantánea. Su velocidad supera por mucho, la de las ondas de radio que viajan a través de un satélite y pueden ser interrumpidas por barreras, de manera similar al corte en la señal de un teléfono celular dentro de un elevador.

Las frecuencias emitidas por nuestra vibración son muy rápidas y —a diferencia de las de radio o celular— pasan a través de madera, hierro, cemento o cualquier material. Pero lo más sorprendente es que existen pruebas físicas de que estas frecuencias que envía tu cerebro o tú mismo tienen efectos sobre la materia.

En la película *¡¡Y tú qué sabes!?*, se describe el efecto del pensamiento en el agua: los cristales microscópicos formados cuando el agua se congela adquieren formas diferentes si son influidos por pensamientos cargados de odio o amor. Con amor, las formas cristalinas son simétricas y parecen cortes de diamantes; con odio, en cambio, no se forman estas figuras. El experimento, realizado por el japonés Masaru Emoto, autor del *bestseller Los mensajes ocultos del agua*, entre otros libros, demostró el efecto de las ideas, las palabras y la música en el agua. Se hace hincapié en que no se modifica la esencia química del agua; es decir, ésta sigue siendo $H^2O$. Lo que cambia es su frecuencia vibratoria, que ocasiona en la sustancia comportamientos diferentes cuando cambia del estado líquido al sólido.

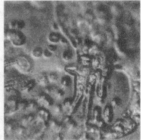

Foto: TE AMO          Foto: TE ODIO

Igualmente se ha visto que la vibración de la materia —trátese de oro, plata, un libro o cualquier otro objeto— varía cuando es irradiada con ondas de radio, rayos X o gama, sin que su estructura se modifique. Este efecto puede medirse de manera similar a como se mide la radiación de un objeto o lugar radioactivo usando un contador Geiger.

Y de manera similar, si un ser humano concentra sus pensamientos —que generan una frecuencia vibratoria— en un lingote de oro o, para el caso, de cualquier otro material, la vibración sufre una modificación no en su estructura pero sí en su frecuencia vibratoria. Tal como sucedió con el agua en el experimento de Masaru Emoto. Este fenómeno es imperceptible a simple vista pero se podría medir con equipos sofisticados. De modo que nuestros pensamientos no solamente son recibidos por cerebros de otras personas, también pueden impactar la materia.

En Síntesis:

1. Todo está hecho de energía.
2. La energía vibra en diferentes frecuencias.
3. Nosotros o nuestro cerebro emitimos frecuencias, las que queramos, con la potencia que les imprimamos.
4. Nuestras vibraciones se propagan en el tiempo y el espacio.
5. Son captadas instantáneamente por otros cerebros, con la misma intensidad con la que se emiten. Por esa razón, lo que damos es lo que recibimos.
6. La vibración de la materia es susceptible de alterarse.

## Clarifica y desea ardientemente

Dado que el cerebro, o tú mismo, funciona como emisor y receptor de frecuencias, cabe preguntarse: ¿entre tantas frecuencias, cuáles recibe? Nuestro cerebro recibirá la misma frecuencia que transmite. Y por eso se dice que cosechas lo que siembras. De modo que si mandas pensamientos positivos como felicidad, amor, éxito, poder o creación, recibirás felicidad, amor y el resto de tus pensamientos positivos. Se podría decir que lo que tú quieres, te quiere a ti.

Este conocimiento tiene implicaciones tremendas porque si todo lo que recibes es consecuencia de la frecuencia que antes mandaste o transmitiste, significa que todo lo que pasa en tu vida tú lo has creado: bueno o malo. Y ésta es la razón por la que tú y nadie más eres responsable de lo que te ocurre.

Así que responsabilízate ahora mismo de tu existencia y deja de culpar a causas externas. No culpes a tu padre o madre, al gobierno, a las circunstancias. Abstente de culpar y sucederá el milagro llamado de los diez segundos: el instante en que entiendes que eres el único responsable de tu vida y asumes esa responsabilidad por todo lo que has creado en ella, y que tú, de ahora en adelante, puedes cambiar si alteras tu frecuencia vibratoria por medio de tus pensamientos. Se llama "milagro de los diez segundos" porque es lo que tardarías en cambiar de una estación de radio que has escuchado muchos años a otra frecuencia. Diez segundos o menos bastan para que te mudes a otra estación; es decir, para cambiarte a otra frecuencia vibratoria. Lo que se podría resumir en el hecho de tomar una decisión.

La actitud de incontables personas hace que donde quiera que vayan las acompañe sobre sus cabezas una especie de "nube negra" o que una "bola negra" las envuelva y las siga a todas partes. Estas masas vaporosas imaginarias son nuestros pensamientos negativos acumulados: impotencia, miedo, duda, fracaso, culpa, victimización y autoinvalidación. Pero esto no tiene por qué ser así. Y éste es, precisamente, el mensaje fundamental de este libro:

*Tú puedes cambiar tu vida.*
*Sólo tú puedes cambiar tu vida.*

Al usar estos conocimientos aumentarás cada vez más tu creencia de que puedes tener todo el éxito que desees. Sin embargo, sé que puede darse el caso de que haya tantas cosas negativas acumuladas, que cada vez que se asoma un pequeño pensamiento positivo, una tenue esperanza, una incipiente creencia de que puedes lograr todo lo que te propongas, tu nube de negatividad "te caiga encima" o "te envuelva", sofocando al pensamiento favorable. Y te dejas vencer por la "nube negra". ¿Cuántas veces no te ha pasado? Pero ya no más, porque te voy a dar la técnica para que eso no suceda.

Pero antes quiero preguntarte: ¿crees de verdad que tu cerebro, o tú mismo, puede generar o atraer la riqueza y el éxito? ¿Puedes creerme que tu cerebro, o tú mismo, por efecto de la Ley de la Atracción y de las vibraciones que emites, puede atraer ese coche o esa casa que quieres poseer, esa pareja que deseas tener, o esos viajes que deseas realizar? ¿Que eres tú quien crea o atrae todo eso?

Si me crees, sigamos adelante con buenas perspectivas. De lo contrario, será muy difícil lograr el éxito. ¿Estamos de acuerdo?

*Tú eres el creador de*
*tu propio destino.*

Recordarás la historia del capítulo 2, sobre cómo Andrew Carnegie comenzó una colaboración con Napoleon Hill para averiguar por qué los exitosos de su época lo eran y cuál era su secreto. En la obra escrita por Napoleon Hill, explica la esencia de los objetivos alcanzados así:

*Cualquier cosa que la mente del hombre*
*pueda concebir y creer, puede lograrse.*

Concebir y creer. El énfasis debe estar en lo segundo. Mucha gente imagina o concibe algo pero no es suficiente. La clave está en creer porque si no crees, tu frecuencia vibratoria no se genera o es demasiado débil para activar la Ley de la Atracción. Desde tu nuevo nivel de conciencia respecto al éxito, al incorporar el conocimiento que ahora tenemos sobre la Ley de la Atracción y las vibraciones que nosotros mismos emitimos y recibimos, entendemos en toda su dimensión la afirmación: "Cualquier cosa que la mente del hombre pueda concebir y creer, puede lograrse."

En el mismo libro Hill establece los dos factores para conseguir tus sueños u objetivos, lo que quieres lograr:

1. Definir claramente qué deseas y por qué.
2. Tener un deseo ardiente de lograrlo.

El primero es fácil de entender: si no sabes qué deseas, no puedes mandar la frecuencia vibratoria al universo y no se materializan las cosas. Se dice que "si alguien no sabe a dónde va, ya llegó". Imagina que compras un boleto de avión en el aeropuerto y al llegar al mostrador y pedir el billete te preguntan: "¿A dónde quiere ir?", y no sabes la respuesta. Es absurdo. Si no sabes a dónde te diriges no tiene mucho caso que acudas al aeropuerto. A incontables personas les pasa esto en muchas ocasiones: piden a la vida o ruegan a Dios pero no saben con claridad ni qué piden ni por qué ruegan ni, menos aún, por qué lo desean. Lo que deseas puede tener una de tres características: ser general, específico o hacernos sentir bien. Esta particularidad ayuda a definir tu sueño u objetivo.

En el caso de la primera característica, un sueño u objetivo general, por ejemplo, respecto a un automóvil, sería simplemente desear un coche, sin que te importe cuál, con tal de que sea uno nuevo porque el que tienes falla constantemente. Otro caso sería querer una vivienda de tres recámaras sin importar el rumbo donde esté ubicada, mientras se considere seguro. En lo que toca a la riqueza material, en general podría ser el deseo de tener mucho dinero. Sin embargo, aquí debo advertir que cuando se trata de tener mucho dinero, es necesario establecer con claridad y detalle por qué lo quieres. De esa manera, tu objetivo se vuelve menos ambiguo.

En segundo lugar, un sueño u objetivo específico en relación con un automóvil podría ser poseer un clase SLK de Mercedes Benz negro con interiores de piel del mismo color y prestaciones determinadas, que se comercializa a partir de novecientos mil pesos o aproximadamente cincuenta mil dólares. Otro ejemplo sería tener un Rolex Submariner de oro. Respecto a la riqueza, sería pensar cuánto dinero quieres y en qué lo vas a gastar y cuánto cuesta cada cosa, de lo contrario es demasiado ambiguo.

Por último, están aquellos sueños u objetivos que nos hacen sentir bien. En realidad todos los sueños nos hacen sentir bien. Pero en este caso me refiero a metas relacionadas con nuestra plenitud a largo plazo, así como la de nuestros seres queridos. Este tipo de sueños buscan satisfacer necesidades emocionales profundas, incluidas la búsqueda de seguridad, paz y felicidad. Los sueños de este tipo involucran deseos como vivir con una familia unida, educar hijos exitosos, que los padres se encuentren bien o tener una vejez sin complicaciones económicas. Eso hace sentir bien a las personas en lo más profundo de su ser.

Es igualmente válido tener un sueño general, específico o que nos hace sentir bien. No importa de qué tipo sea. Una vez definido, podrás pedir el boleto de avión en el aeropuerto. Mi única sugerencia al respecto es que mientras más abundancia sueñes, debes ser más específico. Por ejemplo, tu objetivo puede ser un reloj o un auto determinados. En tanto menos abundancia exista en tu vida de aquello con lo que sueñas, conviene trazarse una meta más general. Digamos casas genéricas, sin características concretas. Y en el caso de desear "mucho dinero", la ambigüedad de esta declaración obliga a precisar para qué lo deseas. Así, de alguna manera establecerás la cantidad que deseas lograr.

Pasemos ahora al segundo componente para alcanzar tus objetivos. Si lo piensas un poco, Napoleon Hill tenía razón en afirmar que sólo cuando alguien tiene "un deseo ardiente" consigue lo que se ha propuesto, porque como dijo Earl Nightingale en *El secreto más extraño,* "nos convertimos en lo que pensamos".

Si tienes un deseo ardiente lo transmitirás con alta potencia y constantemente al universo. El deseo origina una necesidad y ésta te lleva a una obsesión; en este caso una maravillosa obsesión. Y en consecuencia, la vibración que transmites tendrá alta duración e intensidad. Llegará más lejos y se mantendrá allá fuera por más tiempo, y "se moverán montañas" para poner en tu vida lo que deseas o pides.

---

Ejercicio 20: Define tus sueños

**Parte 1**

En este ejercicio lo primero será determinar tus sueños. Por favor, no comiences la actividad hasta que dé la instrucción de hacerlo.

Durante cinco minutos usa tu imaginación para responder este planteamiento: si el dinero no fuera un problema y fuera imposible fracasar, ¿qué querrías ser, hacer y tener?

Durante los cinco minutos escribe todo lo que se te ocurra que desearías ser, hacer y tener. Antes de empezar imagina que te ganaste la lotería cinco veces. Imagínate todo ese dinero. Anotarás en tu lista cosas sencillas, baratas o poco costosas que hasta el momento no hayas logrado. Puede ser, por ejemplo, una lavadora de platos para tu casa o arreglar la cadenita del excusado del baño que tiene un año descompuesta y arreglarla sólo requiere conseguir un plomero, algo que has postergado porque asignaste a otras prioridades tu tiempo y dinero; de modo que durante los últimos doce meses, cada vez que vas al baño tienes que levantar la tapa del depósito y abrir la válvula con la mano y esperar a que todo se vaya. Como en ese caso, a veces permitimos que se acumulen cosas sencillas que no cuesta mucho resolver pero las postergamos durante meses o años. Recuerda: "Como haces una cosa, haces cualquier cosa." Somos seres de hábitos.

Pero también —y aquí empieza la diversión— escribe en la misma lista cosas grandes, costosas y más sofisticadas. Echa a volar tu imaginación y escribe —en este ejercicio no hay límites—. Por ahora no te detengas en detallar demasiado cada objetivo, basta con enumerarlos con cierta especificidad.

¿Estás listo? Si te es posible, programa el temporizador de tu celular en cinco minutos u observa la hora en un reloj antes de empezar. Cinco minutos, no más. ¡Comienza!

## Parte 2

Después echa un vistazo a tu lista. Lee las cosas que escribiste, una por una, y califícalas en una escala de uno a diez, en la que el número uno representa lo que por ahora no tiene ninguna posibilidad de realizarse en el trascurso de doce meses y diez representa aquello a lo que le ves posibilidades de lograrlo en el mismo periodo. Asigna cinco si consideras que alcanzar ese objetivo en el corto plazo tiene ciertas posibilidades aunque no estés seguro. Y usa los números intermedios hacia arriba o abajo de la escala, conforme cada objetivo tenga mayores o menos oportunidades de materializarse. Por ejemplo, siete, ocho o nueve a los que tienen altas posibilidades y dos, tres o cuatro a los que las tienen bajas. Cuando termines, analiza tu lista de sueños:

- ¿Calificaste algún sueño con uno? ¿Cuántos de ellos?
- ¿Asignaste dos, tres o cuatro a algún sueño? ¿A cuántos?

Recuerda que estas calificaciones sólo significan que la realización de estos objetivos no es realista en el lapso planteado (doce meses). Pero de ninguna manera quiere decir que no los obtengas eventualmente. Los sueños entre uno y cuatro, con el tiempo pueden convertirse en sueños calificados con siete, ocho o más. Consideremos que hay sueños, fantasías y realidades. Estas últimas son las que tienes ahora. Las fantasías son a lo que por ahora ni siquiera le dedicas tiempo, porque actualmente no te lo crees. Los sueños son lo que te gustaría tener en un plazo determinado y que con un deseo ardiente lograrás.

Ahora, observa todas las respuestas a las que pusiste diez, nueve u ocho. Son las que más emoción te dan porque les ves muchas posibilidades, los objetivos que más te entusiasman, ya que pensar en ellos te motiva a hacer lo que sea necesario para conseguirlos y, además, crees que los puedes lograr. Son esas metas que deseas con gran intensidad y sabes que si mandas las vibraciones correctas, las alcanzarás porque se encuentran en lo que se conoce como el punto óptimo, que explicaré a continuación.

## El punto óptimo

Una raqueta de tenis tiene un punto de eficacia inmejorable en su cordaje. Si la pelota impacta en la zona de las cuerdas tensadas —delimitada por un rectángulo en el centro de las mismas—, el jugador imprimirá una mejor dirección y gran velocidad a la bola y prácticamente no sentirá vibración alguna en el momento del golpe. Para efectos de las metas y los objetivos, existe un efecto similar. En este caso, un sueño se ubica en el punto óptimo cuando se convierte en algo que deseas con vehemencia, te entusiasma, te emociona sólo pensarlo, realmente te motiva y crees que lo puedes lograr aunque no sepas cómo. Quiero hacer gran énfasis en estas últimas cuatro palabras:

"Aunque no sepas cómo". Más adelante significarán todo para ti.

Cuando tú sabes que te llegará algo, tienes la convicción de que se realizará. Por ejemplo, imagina que te llegará un bono navideño, una prima vacacional o un aguinaldo. Antes de recibirlo piensas en qué lo gastarás, ¿cierto? Tienes la seguridad y la creencia de que lo recibirás. Lo mismo ocurre a los niños en cuanto a los regalos de Navidad o de Reyes Magos.

¿Por qué el punto óptimo está relacionado con sueños viables en el corto plazo? Comprendo perfectamente que tengas sueños más grandes y mejores y no dudo que los harás realidad, pero toma en cuenta que la suma de éxitos desarrollará progresivamente tu confianza. De modo que en la medida que alcances pequeños éxitos, factibles en poco tiempo, la confianza en ti mismo aumentará.

Recuerda el Ciclo de la Motivación del capítulo 2, que se pone en marcha cuando alcanzas un objetivo que incrementa la confianza en ti mismo. Y cuando experimentas la magia del ciclo, o sea, sus beneficios, entonces aumenta tu convicción. Pero la clave de todo es creerlo. Y se establece así un círculo virtuoso: tu confianza te impulsa a actuar para alcanzar nuevas metas, la actividad crea hábitos y éstos generan resultados y más éxito.

Así que memoriza lo siguiente:

El éxito construye confianza —— La confianza crea actividad —— La actividad crea hábitos —— Los hábitos crean resultados —— Los resultados crean más éxito. Y así el ciclo se repite indefinidamente. En síntesis:

1. Define tu sueño específico, general o cualquier sueño que te haga sentir bien.
2. Ten un deseo ardiente, que te queme, realmente te entusiasme y desees muchísimo.
3. Asegúrate de que tu sueño esté en el punto óptimo acompañado de un alto nivel de convicción, porque es altamente viable en el corto plazo, calificado con ocho, nueve o diez en la escala de asequibilidad. Si el sueño tiene menor puntaje, no te concentres en él por ahora.
4. Concéntrate en los sueños en los que tienes una alta creencia de conseguirlos, como si los fueras a recibir ya; es decir, como si ya los tuvieses.

---

### Ejercicio 21: Detalla tu sueño

Revisa en tu lista los sueños calificados con ocho, nueve o diez. Escoge uno solamente. ¿Ya lo hiciste? Bien. A continuación lee las siguientes instrucciones sin distraerte, a menos que alguien te las lea en voz alta mientras imaginas con los ojos cerrados, lo cual sería mejor.

Imagina lo que quieres. Visualízalo a color, y escucha los sonidos, ve las imágenes, percibe las sensaciones y los sentimientos que tendrías si lo consiguieras. Ahora agrégate a esa imagen, mírate a ti mismo en ella y vuelve a escuchar los sonidos a tu alrededor.

Si lo que quieres es viajar a una isla del Caribe, por ejemplo, siente el calor, escucha el oleaje del mar. Imagínate qué feliz eres o la felicidad que sientes por haber conseguido ese sueño.

Si lo que deseas es un auto, imagínate manejando en él. Toca la textura de los asientos, huele la piel de los interiores o el aroma a nuevo. Siente lo que vives al manejarlo, las emociones que experimentas.

Si lo que quieres es una casa, huele el pasto del jardín si lo tiene. Si en la cercanía hay un río, escúchalo, o solamente los pájaros que cantan desde la rama de un árbol. Si vas con tus hijos, escúchalos subir y bajar por las escaleras de la casa emocionados, disfrutándola y eligiendo su habitación. Visualiza y siente los muebles, la textura de las paredes, la amplitud de las recámaras. Asómate por la ventana y siente la plenitud de un sueño conseguido.

Si lo que quieres es seguridad mediante una cuenta bancaria, mira ese saldo en el estado de cuenta, siente qué emoción te provoca. Y si lo que quieres es ya no tener deudas, siente tu seguridad y solidez, cómo te sobra el dinero y todo lo que puedes ahorrar; siente la satisfacción de dormir tranquilo. Y si es otra cosa, vívela, aprecia los sentimientos involucrados, huele, escucha, visualízate, siente el poder que te da.

Ahora, abre tus ojos. ¿Te sientes mejor que antes de empezar el ejercicio de visualización? Sí___ No___

## Arriba en la línea de los sentimientos

Si te sientes mal es porque tu nivel de convicción o creencia no es alto y este sueño no está en el punto óptimo. Por lo tanto, la clave y el común denominador para lograr lo que te propones es: ¡Sentirte bien! Porque:

*Sentirte bien hace que actúes.*

Ahora combinemos los dos elementos más importantes para lograr cualquier cosa: la creencia y sentirse bien. Supongamos que existe una línea divisoria entre sentirse bien y sentirse mal, y esa línea es el aburrimiento, un sentimiento neutro, ya que no es una emoción positiva ni negativa. Arriba de la línea existen muchos sentimientos positivos como alegría, entusiasmo, júbilo, fe, amor, esperanza y serenidad. Y bajo la línea del aburrimiento están sentimientos negativos como enojo, miedo, flojera, duda, venganza, celos y depresión.

La frecuencia vibratoria se transmite con más fuerza cuando nos encontramos del lado positivo o sección superior de los sentimientos. Este fenómeno hace que tomes una decisión y actúes; entonces la Ley de la Atracción se activa y se mantiene funcionando si hay creencia y si hay un impulso hacia sentirse bien. Por otro lado, cuando la emoción que priva es negativa, es decir, está debajo de la línea divisoria de los sentimientos, la potencia de la frecuencia vibratoria disminuye y esto provoca que el logro de los objetivos se frene.

Entre todos los sentimientos negativos, el más peligroso es la duda, opuesta a la creencia, porque cuando una persona duda de lo que quiere obtener, cae tan bajo que corre el riesgo de que se colapse todo el trabajo realizado mediante la Ley de la Atracción. Y si dicho individuo se recuperase y deseara volver a creer, debería recomenzar todo lo que —en términos mentales— avanzó rumbo a su objetivo. La duda frena bruscamente el impulso que cualquiera pudo conseguir en términos de actitud rumbo al éxito y desactiva la Ley de la Atracción, evitando que de alguna manera el cómo lograr cualquier cosa que te hayas propuesto se haga presente y, por lo tanto, impidiéndote la acción correspondiente una vez clarificado el procedimiento a seguir.

Rebeca, una amiga, con la que había comentado días antes lo anterior, se encontraba en una oficina de gobierno para realizar algunos trámites. Llevaba ahí ya algunas horas sin resultados, cuando de repente se descubrió a sí misma dudando de lograr su cometido. En ese momento reflexionó, se acordó de nuestra conversación y se dijo a sí misma: "Si dudo, todo se me colapsa." Así que reforzó su creencia de que resolvería sus trámites y —como por arte de magia— en menos de quince minutos terminó su diligencia.

Por lo tanto, tu prioridad debe ser trabajar para encontrar los sueños en el punto óptimo. Esta tarea se facilita si creas un tablero de sueños o sueñógrafo (un collage con las imágenes de lo que quieres lograr) y una carpeta de sueños: un cartapacio de argollas donde coloques fotografías, dibujos, imágenes y textos de los sueños que deberás llevar contigo a todas partes para ayudarte a pensar la mayor parte del día en ellos. Porque "nos convertimos en lo que pensamos".

Conozco personas que pegan representaciones de sus sueños en el techo de su cuarto, para que sean lo primero que ven cuando despiertan. También hacen tarjetas laminadas con sus objetivos que ponen en su cartera, su auto y todos los lugares que frecuentan.

Pensar y enfocarse todo el tiempo en los sueños, crea nuevos circuitos neuronales que, en sentido figurado, son algo así como "surcos" que aras en tu sistema nervioso, uno enseguida del anterior, uno encima del otro, una y otra vez. Producto de la repetición, estos "surcos" se hacen cada vez más profundos, hasta que su influencia es total en ti y surge un hábito y generas una frecuencia vibratoria cada vez más intensa hasta obtener lo que deseas, debido a que apareció el cómo y entonces te dedicaste enérgicamente a llevar a cabo las acciones correspondientes.

Para ampliar tu mente hacia nuevas posibilidades y más anchos horizontes, mira revistas especializadas en productos y servicios de lujo. Suscríbete, por ejemplo, a publicaciones como *Rob Report, duPont REGISTRY o Architectural Digest,* en las que verás yates, autos de lujo, relojes costosísimos, mansiones que cuestan millones de dólares y otros bienes suntuosos. Quizá te parezca que esta sugerencia raya en la exageración y es superficial, pero esta técnica funciona. El punto aquí no es si deseas un estilo de vida así, tampoco si codicias o no cualquiera de esos objetos. El propósito es que las veas. Esta técnica es muy efectiva para que te des cuenta de que si todo eso que aparece en las páginas de una revista se vende, es porque hay gente que lo puede comprar. Y esos seres humanos con altísimo poder adquisitivo no son diferentes a ti en términos de potencial. De modo que, si otros lo pueden comprar, ¿por qué tú no? Si esta práctica te hace sentir incómodo, reorienta esa incomodidad diciéndote a ti mismo: "Si otro puede, también yo puedo."

Además, ve casas como aquella en la que te gustaría vivir y súbete en las agencias a los autos que te gustaría comprar. Mira, siente, huele. A esta técnica se le llama Construcción de sueños. Hazte fotos en las que sales frente al auto y mientras estás dentro del vehículo. Estas imágenes son muy poderosas cuando las ves todos los días. Y cuida mucho tus pensamientos para identificar si acecha la duda porque —como mencioné— puede interrumpir la frecuencia vibratoria que emites para que el universo te entregue lo que deseas al mostrarte el cómo, para realizar las acciones necesarias.

Si no crees que los métodos anteriores sirven como técnicas para mejorar tu capacidad de ser, hacer y tener lo que quieras, sigue pensando igual. Ve entonces y reclama a las personas más ricas del mundo por usar estas técnicas tan "superficiales, sencillas y absurdas" y sigue pensando como hasta ahora has pensado. Pero si no logras lo que te has propuesto, lo más probable es que te quedarás en el mismo lugar.

Recuerda la importancia del índice de ser enseñable. Si estás pensando "esto no es para mí" y rechazas estas técnicas, rechazas también el conocimiento para alcanzar el éxito. No olvides que uno sólo sabe hasta que lo vive. Aplicar los métodos compartidos equivale a vivir un nuevo nivel de conciencia respecto al éxito. Así que, por tu bien, remplaza esa creencia por una opuesta y positiva: "Esto sí es para mí." ¡Y repítela una y otra vez, decenas de veces, hasta que te la creas!

## La trascendencia de sentirse bien

Por otro lado, y esto también es de vital importancia, empieza a sentirte bien desde ahora. Las formas más efectivas para conseguirlo son las siguientes: ríe, canta y aliméntate correctamente (una dieta sana corrige muchas deficiencias); también escucha música, baila y lee —treinta minutos por día, como mínimo— libros orientados a tu desarrollo personal y a impulsar tu creatividad, obras que te ayuden a mejorar tu capacidad para relacionarte con otros y tu manejo de los recursos económicos; asimismo, escucha audios que te conviertan en una mejor persona, asegurándote primero de oír fuentes confiables; conéctate con personas que están en la misma frecuencia que tú, buscando sus sueños y metas; igualmente abraza a tu prójimo, camina una hora cada día en un lugar abierto donde veas cómo los objetos en tu visión se acercan a ti en la medida que avanzas y luego quedan atrás, a diferencia de lo que pasa si te ejercitas en una caminadora; y, sobre todo, empieza a ser consciente de tus pensamientos, ya que deben ser los correctos. Insisto, deben ser los correctos: la Ley de la Atracción te mandará más deudas si tú todo el tiempo piensas en las deudas que tienes y no en que ya estás libre de ellas. Si piensas en que aún no tienes algo que quieres, la Ley de la Atracción trabajará en consecuencia, enviándote más escasez. Ten mucho cuidado con ello.

Ten en mente la siguiente frase "mágica": "Ahí donde se coloca la atención, la energía fluye y los resultados se obtienen" o, dicho de otra manera, "aquello en lo que te concentras o enfocas, se expande". Así que si quieres deshacerte de las deudas, evita concentrarte en ellas, concéntrate mejor en el dinero adicional que tendrás en tus cuentas, tus inversiones y la satisfacción de no deber nada.

Hay una cosa más respecto a sentirse bien: agradece y expresa gratitud a la vida y al universo o siente apreciación. Hazlo en la mañana antes de levantarte y por la noche antes de dormir porque cuando agradeces al universo, éste te da más. Veamos cómo funciona el universo con un ejemplo muy sencillo: imagínate a un niño de cinco años cuyos papás le celebrarán su cumpleaños con una fiesta a la que tú estás invitado. Quizá es un sobrino o el hijo de algunos amigos. La cuestión es que quieres mucho al niño y a su familia y te esmeras en conseguir un regalo bonito. El día de la celebración, entregas el obsequio con gusto y entusiasmo. El festejado lo abre alegremente pero cuando lo saca de la caja, luego de observarlo un momento, lo rechaza. ¿Cómo te sientes tú? Muy mal, ¿cierto? Pues bien, de modo similar "se siente" el universo cuando no sientes agradecimiento por lo que has recibido hasta ahora, sin importar la condición en que estés. Si sientes gratitud, entonces el universo te dará más. Esto es lógico, es un pensamiento propio del lado izquierdo de la balanza de la capacitación (entre actitud y aptitud), y es un sentimiento ubicado en la parte superior de la línea de las emociones; por lo tanto, contribuye a emitir una frecuencia vibratoria intensa.

Hay ocasiones en que la vida o el universo "nos pone a prueba", para saber si estamos preparados para recibir más. Entonces se nos presentan situaciones que anteriormente considerábamos negativas. Pero, ya no más. Ahora se trata de sentirte bien todo el tiempo o lo mejor posible ante cualquier acontecimiento. Pero claro, en la vida ocurren situaciones en las que sentir gratitud "no queda" o en todo caso cuesta trabajo. Digamos que al salir conduciendo a diez kilómetros por hora de un establecimiento se te poncha una llanta. En el pasado hubieras considerado este acontecimiento como algo desagradable y frustrante, y te sentirías justificado para enojarte. Pero alterarte no te conviene porque ahora entiendes que la clave del éxito y de mantener la frecuencia vibratoria necesaria para mandar señales positivas al universo depende de sentirte bien todo el tiempo.

Cuando vivimos experiencias por las que no somos capaces de sentir gratitud es necesario abordar el acontecimiento desde otro enfoque para sentirnos bien o, por lo menos, lo mejor posible. Para ello es necesaria otra palabra que remplace gratitud por otra similar en significado y vibración, pero más apropiada para afrontar eficientemente un suceso como el de la llanta ponchada.

Esa palabra es apreciación. Tomo el término prestado de los Bienes Raíces. Cuando las propiedades inmobiliarias aumentan de valor conforme pasa el tiempo, se dice que se aprecian. Así que apreciar tiene una connotación positiva. De esta manera, en relación con la llanta ponchada tu actitud será la de apreciar el acontecimiento, ya que fue mucho mejor que la llanta se ponchara mientras conducías a diez kilómetros por hora que a cien en la carretera. Eso equivale a poner el suceso en perspectiva. Siéntete bien por ello: estás en el umbral de una nueva manera de pensar, donde nada te enoja, ni incomoda y si así fuera, te concentrarás en sentirte bien lo más pronto posible.

Pero en caso de que no pudieras sentirte bien recurre a la siguiente técnica: utiliza tu enojo o incomodidad para darte cuenta de que eso no es lo que tú deseas y trae a tu mente tu meta, tu sueño y refuérzalo aprovechando el extremo opuesto que estás experimentando; sácale provecho al acontecimiento para hacer tu sueño más ardiente, más enfocado y aumentar tu creencia.

Estar enojado se puede reenmarcar para aprovechar esa intensa emoción y flujo de energía; para recapacitar sobre qué es lo que no deseas y afianzar el deseo ardiente contrario a la emoción destructiva que sientes. A la destreza de reencuadrar los acontecimientos no positivos se le llama inteligencia emocional y es necesario practicarla. Aprenderla puede tomar cinco minutos pero hacerte un experto en ella te llevará toda la vida. Así que practícala hasta conseguir integrarla a tu saber automático. De esta manera, disfrutarás de la vida enormemente, mientras, además, todo te sale bien.

Con esta nueva actitud ante la vida, crearás pensamientos positivos, y estos serán cada vez más frecuentes y más grandes. Y cuando esto sucede la "nube" o "bola negra" se empequeñece, y en la medida en que ésta empieza a desvanecerse, se nutre una "nube" o "bola blanca", que crecerá más y más, en tanto se mantengan los pensamientos positivos. Con el tiempo la "nube" o "bola negra" desaparecerá o por lo menos será mucho más pequeña que la "bola" o "nube blanca" y todo en tu vida será magia y lograrás todo lo que quieras ser, hacer y tener en la vida.

## Un archivo para el éxito

Antes de terminar insisto en que tú eres un ser creativo por el sencillo hecho de crear tu vida. En este capítulo he comentado cómo funciona la Ley de la Atracción y su formidable poder para alcanzar el éxito. Sin embargo, sé consciente de que ésta no funciona por sí sola, sino porque tú lo decides. Una clara visión de tu éxito y tus pensamientos enfocados en él generan la vibración que emites y a su vez activan la Ley de la Atracción para que ésta te responda con el cómo, que deberás aprovechar y llevar a cabo las acciones pertinentes.

Hay una noción adicional que no dejaré de mencionar: "El universo tiene su propio tiempo." Esta consideración es básica para el logro de metas, sueños y objetivos. Muchas personas se ponen una fecha para obtener lo que se proponen, lo que no es malo, pero puede ser riesgoso ya que si alguien no logra lo que se propuso, comenzará a dudar de que puede lograr cualquier cosa que se proponga y entonces se colapsa todo lo adelantado hasta ese momento en términos de actitud favorable hacia el éxito. Por ello, considero que definir fechas es adecuado para generar compromisos y establecer disciplina, pero no es necesariamente fijar una fecha lo que determina el logro del objetivo, sino sentirse bien y creer que se logrará. Entonces actuarás motivado por una obsesión maravillosa y todo se organizará para lograr lo que te propongas en el menor tiempo posible. Si lo haces bien e impulsado por tu deseo ardiente, incluso puedes lograrlo antes de la fecha estimada.

Si una persona no tiene consciencia de que el universo tiene su propio tiempo, definir una fecha representa un peligro, ya que podría dudar por no conseguir su cometido, sentirse mal, ver mermada su confianza y comenzar un proceso autodestructivo. Recuerda el concepto del punto óptimo. Una inteligente y conveniente manera de vivir la vida es pensar que el universo te enviará lo que necesites, no necesariamente lo que tú quieras: el universo te pondrá a prueba mandándote retos y oportunidades; así sabrá si estás listo para recibir lo que deseas.

Después de todo lo recibido de este libro, llegamos a una conclusión:

*El éxito en la vida está (apenas) a una decisión de distancia.*

Cuando tienes la actitud de que harás lo que te has propuesto y punto, no hay vuelta atrás; significa estar determinado ciento por ciento y pensando, imaginando y sintiendo que ya lo lograste o ya lo tienes. Dicha actitud la respaldas con acción y un enfoque consistente.

Lo único que te separa de tu éxito es tu determinación. Decide y no mires atrás. Cuando tomes la decisión de tener éxito en todo lo que desees ser, hacer y tener, aplica la información y las técnicas compartidas en estas páginas, asegúrate de que tu objetivo está en el punto óptimo, aplica el Ciclo de la Motivación; ten siempre un deseo ardiente y un alto nivel de convicción; si te concentras en ello y sientes un entusiasmo descontrolado, eso significa que ocurrirá. Sólo basta con decidirlo, actuar con determinación. Es como saltar desde un imaginario precipicio y ya no poder regresar: es acción sin reserva, ya estás en el aire y en el camino del logro. Es hacer a un lado tus voces interiores que te subestiman, que dudan de ti, diciéndoles "Gracias por compartir" o "¡Cancelado, cancelado!". Y entonces deberás decir algo como:

"No me importa cómo, no sé cómo, no parece posible que lo pueda lograr en este momento histórico, pero lo voy a lograr y punto." Esta actitud adecuada hará que se active la Ley de la Atracción y suceda lo que deseas. "Lo voy a lograr, no importa cómo." Ya he dicho que una de las razones por las que algunas personas no logran lo que se proponen es porque se concentran demasiado en cómo obtenerlo. El cómo, en realidad es casi irrelevante y lo ilustraré con la siguiente analogía: piensa en un radar. Estos sistemas son usados en barcos, aviones, helicópteros y submarinos, para descubrir la presencia y posición en el espacio de un cuerpo que no se ve, mediante la emisión de ondas radioeléctricas en un radio determinado de varios kilómetros. Pero si un objeto está fuera del radio del sistema, en cualquier otro punto del espacio infinito, la pantalla del radar es incapaz de mostrarlo.

Ahora supón que tu panorama de cómo lograr algo inicialmente equivale al radio de captación en la pantalla del radar; es decir, una parte ínfima del espacio infinito. Por tanto, lo que el radar capta es un cómo muy limitado. El verdadero cómo se encuentra fuera del radio del radar y será incluido o introducido en el radar cuando la Ley de la Atracción lo haga visible o "lo ponga en tu radar", como consecuencia de tu enfoque, deseo ardiente, creencia y de sentirte bien. Ésa es la función de la Ley de la Atracción: acercarte el cómo para que una vez a tu alcance lo aproveches, llevando a cabo las acciones lógicas, obligadas y correspondientes al objetivo o al sueño que buscas. Recuerda, la actitud respecto a tu sueño y el porqué de éste es lo que importa; no el cómo. Por eso la relevancia de la actitud es de noventa por ciento o más y la de la aptitud sólo diez por ciento o menos.

En una proporción igualmente dispar, lo que puedes ver en tu radar es apenas uno por ciento o menos del cómo. Fuera de ese radio está el noventa y nueve por ciento o más. Es allí, en ese noventa y nueve por ciento donde se encuentra el cómo necesario que buscas para lograr tu objetivo o tu sueño. Pero no lo verás sino hasta que la Ley de la Atracción te lo acerque a la pantalla del radar.

También deberás estar consciente de que en tu camino hacia el éxito habrá sorpresas. Eso sucederá, es inevitable. Y entonces, para evitar que la duda se infiltre en ti, deberás decir: "Va a pasar, y me va a pasar de una manera que ni siquiera puedo imaginar en este momento, y si suceden cosas inesperadas en el camino, no significa que no voy a conseguir lo que quiero; significa que recibiré lo que necesito y lo que es mejor para mí, porque el universo funciona para que todo salga de la mejor manera según lo que yo necesito y es por eso que me siento siempre muy bien."

Recuerda que un solo pensamiento positivo expresado una sola vez no es suficiente para contrarrestar la influencia de una "nube negra". Conocí una vez a un tremendo soñador, de quien aprendí mucho acerca de la relevancia de definir los sueños, quien decía: "En la mente hay como enanos que archivan y clasifican la información y cuando llega un nuevo pensamiento que dice, por ejemplo: 'Soy rico', 'Yo puedo lograrlo' o 'Soy tremendamente feliz', el cual nunca se había tenido antes, los enanos no saben dónde acomodarlo, así que lo desechan. Pero si continuamente tú mandas el mismo pensamiento, tendrán que abrir un fólder y archivarlo." Así que sueña. Sueña en grande. Y decláralo una y otra vez para abrir ese archivo de éxito. Sólo me resta desearte que en tu camino al éxito, escuches a las personas correctas y aprendas la información adecuada; trabajes sin cesar para incrementar tu índice de ser enseñable y arranques tu Ciclo de la Motivación. Que te concentres noventa por ciento o más en por qué quieres lograr tu sueño y tengas la actitud adecuada para lograrlo.

Que seas la persona correcta, al desarrollar todas las habilidades mentales que necesitas para lograr lo que te propones; enfoques tus pensamientos en el objetivo visualizado y no olvides nunca que rumbo a la cúspide los datos y los hechos no cuentan, sólo tus pensamientos. Que desarrolles hábitos que te empoderen y lleves el conocimiento que ahora tienes al nivel de saber automático. Para que con todo lo anterior, incrementes tu nivel de conciencia.

Sé feliz, cumple tus metas y aprovecha la vida como la oportunidad que puede darte la libertad para ser, hacer y tener lo que quieras. Agradece cada momento, sabe que el universo tiene su propio tiempo y si no te llega lo que deseas en un momento dado, no desesperes, siente gratitud o apreciación por cada experiencia y el universo te dará más. Dale tiempo, no dudes nunca y siéntete bien en todo momento. Recuerda que el éxito es una habilidad que se aprende. Si en el pasado tuviste algún fracaso no significa que así será siempre. Y si ahora has aprendido el éxito, tu vida debe cambiar definitivamente: rompe los obstáculos, tú eres más grande que ellos. Ríe, baila, canta y diviértete. Trasciende. Y nos veremos en la cima.

## IDEAS PODEROSAS DEL CAPÍTULO 12

- La ley de la atracción afirma: lo que siembras, cosechas; lo que das, recibes. Lo que siembras, en este caso, es en lo que piensas o en lo que te concentras.
- Cuando esta ley se activa a tu favor, eres capaz de logar cualquier cosa que te propongas a una velocidad asombrosa, sin importar si se trata de salud, éxito, bienes, dinero.
- Los seres humanos estamos para crear y cuando salimos a forjar nuestros sueños y objetivos en la vida, entonces enviamos un mensaje a la ley de la atracción, esta ley se activa de modo que aparecen personas, sucesos o circunstancias que aprovecharás y utilizarás.
- Obtienes sólo aquello en lo que te enfocas.
- Uno mismo es un receptor y trasmisor de frecuencias de vibración.
- Las frecuencias equivalen a nuestros pensamientos y son captadas por otros instantáneamente, con la misma intensidad con la que se emiten, por esa razón lo que damos, es lo que recibimos.
- Todo en este universo está hecho de energía y ésta emite una frecuencia.
- Nosotros, nuestro cerebro y todas las células de nuestro cuerpo, no son la excepción: están hechos de átomos que

emiten una frecuencia con la potencia que le imprimamos, ésta se propaga por todos lados, no se puede bloquear y es instantánea.

- Estas frecuencias que envía tu cerebro o tú, tienen efectos sobre la materia y la vibración propia de la materia es susceptible de alterarse.

- Nosotros o nuestro cerebro recibiremos la misma frecuencia que trasmitimos, por eso se dice que cosechas lo que siembras. Si mandas pensamientos positivos como felicidad, amor, éxito, poder o creación, recibirás felicidad, amor, etcétera. Podemos decir que lo que tú quieres, te quiere a ti.

- Este conocimiento tiene implicaciones tremendas, pues si todo lo que recibes es consecuencia de la frecuencia que antes mandaste, significa que todo lo que pasa en tu vida tú lo has creado: bueno o malo. Y ésta es la razón por la que tú y nadie más es responsable de lo que te ocurre.

- Así que responsabilízate ahora de tu existencia y deja de culpar a causas externas. Abstente de culpar y sucederá "el milagro", el instante en que entiendes que eres el único responsable de tu vida y asumes esa responsabilidad por todo lo que has creado en ella y que tú, de ahora en adelante, puedes cambiar si alteras tu frecuencia vibratoria por medio de tus pensamientos. Lo que se podría resumir en el hecho de tomar una decisión.

- Tú puedes cambiar tu vida, sólo tú puedes cambiar tu vida.

- Al usar estos conocimientos aumentarás cada vez más tu creencia de que puedes tener todo el éxito que desees.

- A veces una "nube negra" —como una masa imaginaria— sigue a las personas, estos son pensamientos negativos acumulados.

- ¿Crees de verdad que tu cerebro o tú mismo, por la ley de la atracción y de las vibraciones que emites, pueden generar o atraer la riqueza y el éxito? ¿Crees que eres tú quien crea o atrae todo eso?

- Tú eres el creador de tu propio destino.

- Cualquier cosa que la mente del hombre pueda concebir y creer, puede lograrse.
- Imaginar o concebir, no es suficiente, la clave está en creer; si no crees, tu frecuencia vibratoria no se genera o es demasiado débil para activar la ley de la atracción.
- Hay dos factores para conseguir tus sueños y objetivos:
    1. Definir claramente qué deseas y por qué.
    2. Tener un deseo ardiente de lograrlo.
- Para definir un sueño u objetivo ayuda si le asignas una de tres características: que sea general, específico o nos haga sentir bien. Sugerencia, mientras más abundancia haya de lo que quieres, debes ser más específico.
- El segundo componente es "tener un deseo ardiente" porque nos convertimos en lo que pensamos. Si tienes un deseo ardiente lo trasmitirás con alta potencia y constantemente al universo.
- Existen sueños, fantasías y realidades. Las fantasías son aquellas a las que no les dedicas tiempo por ahora porque actualmente no te las crees. Los sueños son aquello que te gustaría tener en un plazo determinado y que con un deseo ardiente lo lograrás.
- Un sueño se ubica en el *punto óptimo* cuando se convierte en algo que deseas con vehemencia, te entusiasma, te emociona con sólo pensarlo, realmente te motiva y crees que lo puedes lograr aunque no sepas cómo.
- Recuerda el ciclo de la motivación: el éxito construye confianza, la confianza crea actividad, la actividad crea hábitos, los hábitos crean resultados, los resultados crean más éxito y así el ciclo se repite.
- La clave y el común denominador para lograr lo que te propones es: sentirte bien, porque sentirte bien hace que actúes.
- Combinemos creencia con sentirse bien. La frecuencia vibratoria se trasmite con más fuerza cuando nos encontramos del lado positivo o sección superior de los sentimientos. Este fenómeno hace que tomes una decisión y actúes, así se activa

la ley de la atracción. Cuando la emoción es negativa, la potencia de la frecuencia disminuye y esto provoca que el logro de los objetivos se frene.

- La duda es el sentimiento más peligroso ya que es el opuesto a la creencia y la nulifica, entonces se corre el riesgo de que se colapse todo el trabajo realizado por medio de la ley de la atracción.
- Nos convertimos en lo que pensamos.
- La frecuencia vibratoria generada, cada vez más intensa, hace que aparezca el cómo y entonces te dedicas a llevar a cabo las acciones correspondientes.
- Aplica la técnica de construcción de sueños, mirando o visitando lo que te gustaría tener.
- Observa de cerca tus pensamientos, sé consciente de ellos ya que éstos deben ser los CORRECTOS. La ley de la atracción te mandará más deudas si todo el tiempo piensas en las deudas que tienes y no en que ya estás libre de ellas. Si piensas que aún no tienes algo que quieres, la ley de la Atracción trabajará en consecuencia enviándote más escasez, ten cuidado.
- Ahí donde se coloca la atención, la energía fluye y los resultados se obtienen. Aquello en lo que te concentras o enfocas, se expande. Así que si quieres deshacerte de deudas, evita concentrarte en ellas, concéntrate mejor en el dinero adicional que tendrás en tus cuentas, tus inversiones y la satisfacción de no deber nada.
- Hay algo adicional a sentirse bien: agradece y expresa gratitud a la vida y al universo, o siente apreciación. Si sientes gratitud el universo te dará más y ante un acontecimiento desagradable o frustrante siente apreciación, es decir valora el lado bueno.
- Con esta nueva actitud ante la vida, crearás pensamientos positivos y éstos serán cada vez más frecuentes y más grandes, y cuando eso sucede, la "nube negra" se empequeñece

y se nutre una "nube blanca" que crecerá más y más. Con el tiempo la "nube negra" desaparecerá o por lo menos será mucho más pequeña que la "nube blanca" y todo en tu vida será magia y lograrás lo que quieras ser, hacer y tener en la vida.

- El universo tiene su propio tiempo.
- El éxito en la vida está (apenas) a una decisión de distancia.
- Lo único que te separa de tu éxito es tu determinación. Decide y no mires atrás.
- Es acción sin reserva.
- En tu camino hacia el éxito habrá sorpresas y tendrás que decir: "Va a pasar de una manera que ni siquiera puedo imaginar en este momento, y si suceden cosas inesperadas en el camino, no significa que no voy a conseguir lo que quiero, significa que recibiré lo que necesito y lo que es mejor para mí, porque el universo funciona para que todo salga de la mejor manera según lo que yo necesito y es por eso que me siento siempre muy bien."

# Una recomendación
# antes de terminar

El libro que tienes en las manos puede cambiarte la vida si lo has leído y comprendido, y aplicas los conocimientos y las herramientas compartidos. Una vez terminado de leer adquirirás un nuevo punto de vista —o lo que yo llamo un nivel de conciencia mejorado— respecto a tu éxito. Si una vez ubicado en dicho nivel de conocimiento lo relees, adquirirás un nivel de conciencia aún mayor. Este proceso puede repetirse indefinidamente. De hecho, yo he releído varios libros de mis mentores por lo menos tres veces. Además, como te dije a lo largo de los capítulos te sugiero que hagas los ejercicios a partir de la segunda lectura para tener una idea conceptual del libro después de la primera lectura.

Por eso te sugiero que incorpores *El éxito es una habilidad que se aprende* a tu proceso de repetición espaciada. Es decir, reléelo una y otra vez, intercalando su lectura con otros materiales de desarrollo personal que igual sean parte de tu formación constante. Seguramente te preguntarás, ¿por qué tendría que releer un libro que acabo de terminar?

El propósito es que por medio de la repetición —que como hemos visto es la base de un aprendizaje perdurable— asimiles los conocimientos y las herramientas para lograr ser, hacer y tener todo lo que te propongas de la misma forma en que sabes tu nombre, caminar o la comida que te gusta y la que no. Es decir, que el conocimiento aflore sin pensar, de forma automática.

Entonces los conocimientos adquiridos se harán una unidad contigo. A fuerza de tanta repetición tendrás un impacto en lo más profundo de tu ser, a nivel neuronal. Este esfuerzo habrá valido la pena porque en ese momento reiniciarás tu manera de pensar y variarás tu "frecuencia vibratoria". Como resultado, habrás modificado tu forma de actuar, pensar y sentir.

# ¿Y ahora qué diablos sigue?

El célebre escritor Mark Twain dijo una vez: "Yo nunca permitiré que mi escolaridad interfiera con mi educación." Mi intención al escribir este libro fue introducirte a la mejor educación a la que podrías tener acceso en este mundo.

Esta formación ahora está en tus manos. ¿Qué sigue?

Muy sencillo. Disponte a actuar. Ya sabes que el éxito involucra claridad, creencia, actitud, decisión, hábitos y acción. También sabes que tu programación influye en tus resultados y por ello debes aprender a identificar programas que no te favorecen para sustituirlos por otros que te empoderan. Y asimismo aprendiste que hacer realidad tus sueños depende fundamentalmente de creer en ti, tu convicción por ese sueño y el hecho de sentirte bien. Pero conocer esa información no basta; es necesario que la domines al grado de que se integre a ti, que la sepas y ejecutes de forma automática. Para conseguirlo, la única manera es repetirla y repetirla sin cesar. Releer el libro te ayudará a apropiarte mejor de los conceptos pero para que impacten realmente tu vida, debes practicarlos. Y para que esa práctica se transforme en hábitos favorables aplica insistentemente las técnicas, principios y procedimientos aprendidos.

De nada sirve un conocimiento adquirido si no se usa, no se practica, no se prueba en la vida misma; o en otras palabras, si no se lleva a la acción. Tú sabes realmente algo hasta que lo vives. Como mencioné antes, Confucio, el gran sabio chino, dijo: "Si ya sabes algo que tienes que hacer y no lo haces, entonces estás peor que antes." Y si has decidido que vivirás el conocimiento para alcanzar el éxito, hazlo como lo haría un guerrero, entendido según la filosofía samurái: alguien que se conquista a sí mismo.

Son guerreros aquellos siempre dispuestos a hacer lo que sea necesario; esforzarse ciento por ciento; nunca darse por vencidos; actuar a pesar de su estado de ánimo; se saben más grandes que cualquier obstáculo; están abiertos a practicar una nueva técnica si les resulta útil, sin importar lo difícil que sea, y actúan a pesar del miedo. Y son ellos quienes tienen éxito en el logro de sus metas a pesar del miedo y los desafíos. La única manera de vencer dichos inconvenientes es el coraje, el valor, y sólo puedes experimentarlo cuando estás frente al miedo. Un guerrero es sinónimo de acción.

Y acción equivale a hacer un uso consciente de las herramientas con las que ahora cuentas para reprogramarte y superar las voces interiores que te subestiman y dudan de ti, y entonces tomar el control de ti mismo y tu destino como el capitán de una carabela.

Mi intención en estas páginas ha sido ayudarte a aumentar tu capacidad de pensar, hacer y ser en todos los aspectos de tu vida, de modo que tu crecimiento se oriente hacia el logro de cualquier objetivo. Y que hagas tuya la idea de que el único responsable de tu vida, y por lo tanto de tu éxito, eres tú y nadie más.

Los conocimientos divulgados en este libro son suficientes para emprender la ruta del éxito. Puedes ser, hacer y tener lo que decidas. Ya tienes el mapa. Pero tu formación está lejos de haber concluido. La verdad es que nunca terminará. Y ése es mi último mensaje: aún hay mucho por aprender.

Parte de esos nuevos conocimientos te los dará la experiencia. Si tiras un dardo y no das en el blanco, vuelve a intentarlo. Cada vez lo harás mejor. Si te subes a una bicicleta y caes, vuelve a intentarlo. Cada vez lo harás mejor. El éxito no se mide por las veces que uno cae sino por las veces que se levanta.

Pero como hemos comentado, hay otras maneras de aprender. Soy afortunado de haber presenciado el cambio de actitud y la germinación de la creencia en el éxito individual en individuos que acuden a los diplomados, conferencias y campamentos que imparto. He sido testigo privilegiado de la transformación acelerada y permanente que viven las personas en estos encuentros, cuando comparto con ellas las herramientas para su prosperidad y una existencia más plena.

## Compartiendo la abundancia

Este libro te enseña a observar tus formas de pensar y a retar los pensamientos limitantes, hábitos y acciones que no te apoyan respecto al éxito. Una vez que empiezas a reconocer o darte cuenta de los aspectos que no te apoyan para el logro de tus objetivos, esta conciencia se transferirá a todos los demás aspectos de tu vida.

El objetivo de este libro ha sido incrementar tu nivel de consciencia. De nuevo, hacer consciencia es observar tus pensamientos y acciones, para conseguir en el presente operar por medio de una decisión verdadera y clara, en lugar de actuar con base en la programación del pasado. Es acerca de tu poder para responder desde tu yo superior y no a reaccionar basado en el miedo de tu yo inferior. De esta manera puedes ser el mejor tú y hacer realidad tu destino.

Pero hay un aspecto aún más grande a considerar. La esencia de esta transformación no sólo tiene que ver contigo. Está relacionada con todo el mundo. Nuestro mundo no es otra cosa que el reflejo de la gente que lo conforma. En la medida en que cada individuo incrementa su nivel de conciencia, también el mundo la incrementa; es decir, se mueve del estado de miedo al de coraje, del estado de odio al de amor y del estado de escasez al de abundancia.

Así que, es una responsabilidad personal alcanzar nuestra propia realización para agregarle más luz al mundo.

Si tú deseas que el mundo sea de cierta manera, empieza contigo mismo el cambio. Si deseas que el mundo sea un mejor lugar, comienza siendo tú una mejor persona. Es por eso que personalmente considero que es tu deber crecer a tu máximo potencial, para crear abundancia y éxito en tu vida, ya que si lo haces, estarás en situación de ayudar a otros y agregar mucho al mundo en términos positivos. Por lo mismo, te pido compartir este mensaje de conciencia y empoderamiento. Haz llegar el mensaje de este libro al mayor número de personas posible. Comprométete a hacérselo saber a por lo menos cien personas de tu familia, amigos y conocidos para que consideren adquirirlo y sea para ellos un regalo que cambie su vida.

No solamente serán orientados hacia conceptos poderosos para el logro de su éxito, aprenderán a observar la manera en que ellos piensan y cómo ésta significa un incremento en su nivel de consciencia y, en consecuencia, se incrementará también el nivel de consciencia del planeta. Sería maravilloso que se integren contigo para aprender en cursos y talleres. Es verdaderamente una bendición que tanto tu familia como tus amigos compartan contigo esta extraordinaria experiencia. Mi objetivo es que un libro, un diplomado y una persona a la vez, logremos que el mundo cambie para bien. Considera seriamente apoyar este proyecto para hacer este objetivo una realidad.

Gracias de corazón por haber invertido tu tiempo en leer este libro. Es mi más profundo deseo que hagas realidad tus sueños y alcances la felicidad. Y uno nunca sabe, quizá pronto nos conozcamos en persona.

¡Éxito en todo!

*Oscar Velasco*

# Acerca del autor

Oscar Velasco Chávez estudió en la Facultad de química de la Universidad la Salle, en la Ciudad de México. Se recibió con mención honorífica como químico farmacéutico biólogo, en la especialidad de ingeniería en alimentos. Posteriormente realizó diversos diplomados en administración de empresas y desarrollo humano, su pasión por estos temas lo llevó a mantener una actualización constante; en Estados Unidos se entrenó en múltiples diplomados sobre temas de actualidad como Liderazgo, Inversiones, Marketing y ventas, Marketing por internet, Técnicas de negociación, Abundancia rápida, Diseño de misión y visión, Cómo persuadir en el siglo XXI, y otros contenidos, entre 2009 y 2011.

Ejerció su profesión en varias empresas de la industria de alimentos, destacando su liderazgo como gerente de control de calidad y desarrollo de nuevos productos, así como gerente de producción, lo mismo en el área de ventas. En la década de los ochentas fue invitado por una empresa de capacitación enfocada a niveles medios y superiores. Inició en el área de personal y ascendió al puesto de gerente general de la sucursal en México, y como capacitador de la misma.

Después de su experiencia laboral, dio un giro en su desarrollo profesional y decidió independizarse. Como empresario, se diversificó e invirtió en la industria farmacéutica y el corretaje inmobiliario; negocios que traspasó con creces y como parte de su estrategia de crecimiento. En 1991 continuó su desarrollo en un nuevo negocio de distribución de productos y servicios, donde desplegó una estructura sólida que lo llevó al logro de su libertad económica, a la edad de 39 años, en sólo 2 años y 3 meses. Actualmente continúa su expansión en este negocio a nivel internacional, con gran éxito en Latinoamérica, Estados Unidos, Canadá y Europa.

Oscar Velasco, siempre basado en "El Logro de Libertad Económica e Ingresos Pasivos", ha incursionado e invertido también en la industria de la construcción y renta de locales comerciales.

Además de las actividades citadas, ha participado como entrenador y conferencista, principalmente en la industria de Mercadeo en redes, y ha compartido sus conocimientos a más de un millón de personas en Canadá, Estados Unidos, México, El Salvador, Guatemala, Honduras, Costa Rica, Panamá, Colombia, Venezuela, Uruguay, Argentina, Brasil, Chile, España, Portugal, Italia y Alemania, países donde incluso se ha presentado en escenarios con un público de hasta 75,000 asistentes.

Actualmente, el logro de su libertad económica y su filosofía de vida lo llevan a implementar su misión: "Educar e inspirar personas para que busquen y encuentren su libertad y realización", mediante su empresa de capacitación *Duplica*, que a diferencia de otras compañías de entrenamiento, entiende que "el aprendizaje está basado en la experiencia, en lugar de solamente la información". Así, mediante su método de entrenamiento de aprendizaje acelerado, aplica con certeza el concepto de que todo lo que se experimenta se recuerda y cualquier cosa que se recuerda se puede aplicar para lograr cambios reales e importantes en nuestra vida.

Ante la pregunta: "¿Por qué entrena para *Duplica*?", Oscar Velasco afirma: "Veo a mucha gente batallar en la vida por conseguir recursos económicos, y en la mayoría de los casos no lograr la abundancia que desea; aunque trabajen mucho, me doy cuenta de que la ausencia de resultados tiene que ver con programaciones mentales antagónicas acerca del dinero. Tener abundancia no es tener autos lujosos necesariamente, sino vivir un balance holístico entre el desarrollo intelectual, la salud, el desarrollo espiritual y el equilibrio en la familia. Tener las bases para este equilibrio, es parte de la capacitación de *Duplica*."

Uno de los mayores propósitos de Oscar Velasco en sus numerosos programas de capacitación y entrenamiento es responder con claridad el siguiente cuestionamiento: ¿Cuál es la diferencia entre las personas que hacen realidad sus proyectos y alcanzan sus sueños y aquellas que no? Oscar Velasco cree firmemente en la educación continua y en los valores humanos, y mantiene un equilibrio saludable entre sus metas profesionales y personales, poniendo gran énfasis en las relaciones familiares, interpersonales y en la salud.

Por su incansable búsqueda de conocimiento viaja con frecuencia, y como artista visual ha realizado diversas exposiciones fotográficas. El ingeniero Oscar Velasco Chávez, vive en la Ciudad de México con su esposa. Tiene tres hijos: dos mujeres y un hombre; dos yernos, una nuera, dos nietas y un nieto en camino; todos ellos empresarios.